JN246420

教育カウンセラーの私が不登校のわが子を救ったたった一つの方法

葛藤を乗り越え、
愛する子どもたちと歩んだ2650日

子育て支援・幼児教室・
英会話スクール経営
杉本桂子
Sarah Keiko Sugimoto

コスモ21

カバー・本文デザイン◆中村　聡
本文写真提供◆ピクスタ
書籍コーディネート◆小山睦男（インプルーブ）

はじめに

私は、自分の子どもが不登校になったことを、とても恥ずかしく思い、この世の終わりだと思うくらい落ち込んでいました。子どもの将来を心配する気持ちと、教育業界で仕事をしているというプライドからだったのだと思います。

数年間の試行錯誤を繰り返し、私の子どもは不登校を完全に克服しました。本当は、克服してもしなくても、子どもの不登校から得られるものはとても大きいことを知りました。今苦しんでいるご両親の方々にも、必ず「その時」が来ます。

私には四人の子どもがいます。そのうち二人に起きた不登校だけでなく、四人の子どもたちにはさまざまなマイナスの出来事が起きました。それらはすべて「悪いこと」ではなく、未来への大きなステップアップのために起こった「よかったこと」だったのです。しかし、渦中にいるときはそのように思うことはまったくできませんでした。

私の子どもたちや教室の子どもたちの多くは、胎内記憶や生まれてくる前の記憶を持っています。みんな、「お母さんを選んで生まれた」と言うのです。

子どもたちは、いいことも悪いことも、自分が選んだお母さんやお父さんと一緒に体験しようと思って親子になります。親子で苦しいことを共有したり、お互いを傷つけ合ったりすることも、子どもたちには織り込み済みのシナリオなのです。

どのシナリオの結末もハッピーエンドです。どんなに大変だと思う状況であっても、絶対に大丈夫になっていくのです。大丈夫なハッピーエンドまでは、試行錯誤を繰り返してください。必ず終わりがきます。

この本は、私と子どもがどのように長い不登校の日々を過ごし、どのように成長し、どのようにそこから抜け出せたのかを、ドキュメンタリー仕立てで書いています。

不登校だけでなく、親子のあり方を深めたい方にも、ぜひこの本を読んで、私が見つけた「たった一つの方法」をあなたも見つけてください。

あなたの心の中に「大丈夫」がもっと確かなものとなることを心から願っています。

教育カウンセラーの私が不登校のわが子を救った たった一つの方法——もくじ

1章 息子の不登校は親子で成長するためのプロセスだった

2章 今度は娘が不登校に

3章 不登校は神様からのギフト

1 章

息子の不登校は親子で成長するためのプロセスだった

学校に行かないという選択

四人の子どもの末っ子は、私の唯一の娘です。三人の男の子の後に、待望の女の子が生まれた〝人生最高の日〟のことを、今でもはっきり憶えています。

そんな大切な私の娘が、小学校4年生から学校へ行かなくなりました。

勉強が難しくなってくる4年生。私立の小学校へ通い、全員が2年後に中学受験をするという環境にいる娘に、

「そんなに辛い思いをする所へは、行かなくていいよ」

と言った私の一言が、不登校の始まりでした。

私は、教育業界で会社を経営しています。子どもの進学指導も私の仕事の一環です。「わが子が東大へ進学しました」というのを売りにするような業界で働いている私にとって、自分の子どもが不登校なんて〝あってはいけない話〟なのです。

いえ、あってもいいでしょうが、自分の子どもの不登校に直面するまでの私は、「絶対にあってはいけない」と思っていました。

私がなぜ、娘の不登校にあせることなく、「学校へ行かない」という選択をさせることができるようになったか。

その答えは、娘が不登校になる前に、次男がパニック障がいで不登校になった体験にあります。このとき、誰より私自身の意識が大きく転換させられました。

母としての私を育てた次男の不登校

子どもが「学校へ行かない」と言いだしたとき、普通の親はあたふたするでしょう。私も例外ではありませんでした。

しかし、よく考えてみると、辛い思いをしている場所に、「それでも我慢をして行きなさい」と言われるのは、子どもにとって大変な負担。

だから、学校へ行けなくなるまでに味わった辛さを、母親のそばという安全な場所でいやし、元気になろうとする。その手助けをしてあげたい。子どものことを本当に愛しているなら、そう思い、そう行動するのが当然かもしれません。

こんな「子育てのマニュアル」のような考えで、最初から子どもと向き合える優秀なお母さんもいらっしゃるでしょうが、私は、その真逆でした。私が不登校になった娘としっかり向き合い、そのようなお母さんの仲間入りができたのは、「次男のこと」があったからです。

娘の三人のお兄ちゃんのうち、真ん中のお兄ちゃん、私の次男ですが、娘が幼稚園の年少のとき、この子は私立小学校の4年生になったばかりでした。その4月、ちょっとした出来事をきっかけに、次男は学校へ行けなくなりました。

この小学校には英語の授業が週1回ありますが、その年、次男の学年で英語担当になった先生は小学生に英語を教えるのが初めてでした。生徒は44人。初めて向き合う小学生を前に、先生も緊張されていたのかもしれません。

次男は、この授業中に突然、お手洗いに行きたくなりました。手を挙げて、そのことを先生に伝えると、先生は、それを許さなかったそうです。

先生は大きな声で叱ったそうですが、次男はそんなことをまったく憶えておらず、息子の頭の中にあるのは、叱られたことよりも、

「43人のクラスメートの前でお漏らしをしてしまったら……」

という恐怖でした。


明るくてスポーツが得意。クラスメート全員が友達だったようなそんな次男は、その場面でお漏らしをするわけにはいきませんでした。先生に叱られても、そのままお手洗いへ行きました。

教室へ戻ると、また尿意が……。この時点で、もう精神的に何かがおかしくなっていたのですが、本人にも誰にも、そんなことはわかりません。

もう一度先生に、お手洗いに行かせてほしいと交渉してみましたが、もちろん、それは許されません。しかし、「漏れそう」な息子は、先生の指示を無視して、お手洗いに行きました。

この授業の次の時間、次男は気分が悪くなり、保健室へ行きましたが、嘔吐と微熱

を発症。

私は仕事中で、そんなことが起こっているなんて知る由もありません。その後、次男に起こることを考えると、そのときのことがあまりに大きかったのですが、そのことの大きさを、次男本人も先生方も誰も理解していなくて、次男は保健室で休憩した後、帰宅し、ピアノのレッスンへ行きました。

夕方頃、ピアノの先生から私の携帯電話へ連絡が入り、

「○○君、なんかへんな薬とか飲みませんでしたか？　40分の間に7回お手洗いに行きましたけど……」

と聞かれました。

帰って息子に聞くと、ピアノの先生のお宅だけでなく、家でもやたらとお手洗いに行ってしまうとのこと。そして、次の日の学校でのお手洗いがとても気になると心配していました。

私は、翌朝学校へ電話をして、いつでもお手洗いに行けるよう担任の先生にお願いをし、息子に安心感を与えて学校へ行かせようとしました。ところが翌朝、いつものように起床して朝食を済ませ、玄関で靴を履こうとしたそのとき、

「ママ、行けない……」

と、息子は全身に汗をかいて真っ青な顔。

この日から、学校どころか、家から外に出ることができなくなりました。

何が起きているのか、私たちにはさっぱりわかりませんでしたが、その前日に学校の英語の授業中に起きたことは、息子の人生設計を大きく狂わせるはじまりであり、私にとっても大きな試練のはじまりだったのです。

この時点で、私は英語の授業中に起きたその「事件」のことをまったく知りませんでした。息子も、そのことを半分くらいは忘れていましたし、それほど大きな出来事とは捉えていませんでした。ですから、英語の授業のことをとくに私に話すこともなかったのです。

息子も私も、いったい何が起きているのか、本当にわけがわかりませんでした。わ

かっていることは、つねにお手洗いに行きたくなることと、行きたい学校にどうしても行けないこと。学校だけでなく、友達の家さえも行けなくなりました。

行きたくないのではなく、行こうとすると、びっしょり汗をかいて外に出られないのです。


何が原因なのか探ろうとして、私は息子にいろいろと聞きました。

英語の授業中にお手洗いに行きたくなり、叱られたこと。そして、その後保健室に行き、微熱が出て、少し嘔吐したこと。これだけのことがわかりましたが、どうしてそんなにお手洗いに行きたくなるのか、どこかに出かけようとするとどうして具合が悪くなるのかは、どうしてもわかりません。

英語の授業がきっかけであることは間違いなさそうなので、同じクラスの何人かのお母さんたちにお願いして、他の子どもたちからそのときの様子を聞いてみました。

子どもたちの話には、

「先生、大きな声で怒ってた。めっちゃ怖かった」

という表現が多く、あるお母さんからは、

「『先生のあの怒り方は、ママのより怖かった』とうちの子、言ってたから、相当怖かったみたいよ」

という冗談のような話も聞きました。

一度目にすごく怒り、二度目にトイレに行くときは無視をした。二度目のお手洗いから帰ってくると、

「お前は何を考えてるねん！」

と、ものすごい勢いで叱っていた。


皆さんのお話を聞いてみると、先生の叱り方が相当だったようですが、当の本人は、先生が怖かったというような印象はあまりなく、

「漏らすわけにいかない……どうしよう……」

という恐怖でいっぱい。これが原因だったように思います。

何軒か小児科や心療内科を訪ねてみると、心因性の病気にかかっているらしいこともわかりました。パニック障がいだとも診断されました。

補足ですが、このときの先生の対応は、正直、疑問がたくさんあります。それでも、先生が一方的に悪いわけではないとも思っています。うちの次男は、いつもニコニコとしているため、きっとこのときもニコニコとしていて、先生の目には「ふざけている」と映ったのかもしれません。

もうひとつ付け加えるなら、タイミングがあまりに「バッチリ」（悪いほうに）でした。

じつは、次男は、3年生の終わり頃、粗相をして帰ってきたことが一度ありました。学校での友達との時間があまりに楽しすぎて、お手洗いに行きそびれたのです。15分ほどかかる帰り道を、尿意を我慢して歩いたのですが、駅でお友達と別れてから、我慢できていた尿意が我慢できなくなり……。

このときの息子は、ずいぶんとあわてていました。

「お兄ちゃんや弟に見つかったらどうしよう」

と焦っていたので、

「大丈夫。絶対にわからないようにしてあげるから」と安心させ、その場はおさまりました。

しかし、それ以来、お手洗いには敏感になっていたのか、夕食の席で

「最近、休み時間ごとにトイレ行くんやけど、そんなことない？」

と、お兄ちゃんや弟にたびたび聞いていました。

「お手洗い」に小さなトラウマがあるそのタイミングで、「漏らすかも……」と思うような出来事が起きてしまったのです。

後になって当時の校長先生とこのことを話し合ったときも、

「○○先生が一方的に悪いというつもりはありません。タイミングが悪かったのだと思います。先生は、トランプのババをひいたようなものです」

と言ったのを憶えています。

年齢的にも、少し大人に近づくのが4年生頃。これが1年生のときに起きていたら、「漏らすかも」ということにここまで過敏ではなかったのでは、と思います。

「こういう不運なめぐり合わせ」のなかにいた先生と息子。そして、私たち親。この

めぐり合わせを通して学ぶことがあるはず。教育業界に長くいて、いろいろな勉強をしていた私は、そのように考えてはいましたが、それでも、子どもへの不憫さと不安で、感情的になることもたびたびありました。

不登校児を学校に行かせたい私のエゴ

先にお話ししたように、このとき、次男は私立小学校の４年生。６年生は全員が中学受験をするという環境の中、私のなかには「今、長期で学校を休ませるわけにはいかない」という思いがありました。

今から考えると、心因性の病気で、外に出ようとすると具合が悪くなるという次男を、「なんとか学校に行かせたい」と思いつめているような母親でした。

その後、娘が学校に行かないと言いだしたときは「学校を休もう」と言えた私も、次男のときはこんな状態だったのです。何とかしたいという一心で、学校の先生にも相談してみました。

子どもの不登校は、うちの子に限ったことではなく、今や社会現象ともいえます。先

生方も、その対応には慣れておられるようでした。どうすればいいかという私の質問に、先生の答えは、

「無理やりでも学校へ連れてきてください。そのうち自分で来られるようになります」

というものでした。

いろいろな子どもの実例を話され、どの子もお母さんが強引に連れてきている間になんとなく学校へ来られるようになったという類のものばかり。それでも、親身になってくださる先生の言葉だったので、私は先生のアドバイスに従い、次の日から次男を車に乗せ、無理やり学校へ連れて行きました。

「ママ～、ママ～」と泣き叫ぶ息子の手を先生が引っ張り、無理やり学校へ置いてきました。1、2時間すると学校から連絡が入り、迎えに行くことになるのですが、こんなことを1週間ほど続けました。この1週間、私はものすごく苦しい思いでした。

あれから9年も経った今でも、あのときの息子の泣き顔が鮮明に蘇ってきて、涙が出ます……。でも、そのときの私は毎日泣きながら、泣き叫ぶ息子を学校へ置いてくることを続けたのです。

しかし、やはり「こんなことは絶対におかしい」と思い、無理やり連れて行くことをやめようと決心しました。

プロの意見を参考にしながらも、親にしかわからない、その子に合ったベストな方法があるのではないかと感じ始めたのです。相変わらず、「学校へは行ってほしい」けれど、別の方法を模索することにしたのです。

といっても、この時点では方法を変えただけで、私の母としてのステージはまだ上がっていませんでした。教室に行くのは無理だけど、ソフトボール部で中心的メンバーだった息子をクラブ活動に連れて行き、なんとかクラブ活動を通して、学校へ復帰させようとしました。

「キャッチボールまではしてみよう」

と約束をさせて、連れて行きました。しかし、クラブ活動をしている場所までは行ったものの、キャッチボールに参加するというところまではいきませんでした。

息子を熱心にキャッチボールに誘ってくれなかった顧問の先生に、物足りなさを感じました。復学に向けたステップとして「まずはキャッチボールに参加」させたかっ

たのに、うまくいかないことに不安と焦りが募る一方でした。

私がこんな気持ちでいると、普段はやさしい母として頑張っているのに、十分やさしくしてやれない。そんな自分の姿にまたイライラ。息子のほうはジレンマで苦しそうにしている。そのときのことは今でもすべて、鮮明に憶えています。

今ならわかります。私の人としての未熟な思考回路とエゴが、すべてを難しくしていたのです。

子どもの将来、子どもの勉強、子どもの進学……このままではいけないと焦るほど、「学校へ行かせたい」という気持ちが強くなります。それは、すべては「子どものため」と全力で考える母の愛のゆえでもあります。

しかし、「子どもの人生を信頼している」……ではどうでしょうか。

今は不登校でも、**子どもはきっと自ら「いい方向」に向かっていく力を持っている。**それを信頼して向き合うのではなく、不登校になって成績が下がり、進学がうまくいかなかったら、子どもは不幸せになってしまうと不安で仕方ない。子どもを信頼して任せてはおけない。早く学校に行かせないと、子どもの将来はない。そういう思考が私の中にできあがっていました。

そのときの私は、まだそのことに気づいていませんでした。

お母さんが自分を責めていると不登校は解決しない

私は、「息子の心を軽くしたい」と心から願っていましたが、それよりも「何とか学校へ行けるようになってほしい」という気持ちのほうが勝っていました。何としてもその方法を探そうといろいろなところへ相談に行きました。小児科、心療内科、精神科、市のカウンセリング、学校のスクールカウンセラー、うつ経験者……。

批判することは好きではありませんが、誤解を恐れずに言いますと、どの専門家の方からも、子どもの状況を理解し、子どもや母親である私に寄り添い、本気で考えてくださっていると感じることはできなかったのです。

しかし、そのことでわかったのです。結局、**24時間一緒にいる私たち親にしか、子**

どもと本気で関わることはできないと。

もちろん、素人にはわからない専門家の意見を聞くことは大事なことですし、役に立つこともあります。しかし、言われた言葉で傷つくこともありました。

「お母さん、四人のお子さんがいて、お仕事もされているんですよね。愛情不足です」

「お母さん、真ん中の子どもは、必ず愛情不足になるんです」

そんなふうに言われなくても十分自分を責めている私は、ますます辛いだけでした。

紹介されてお伺いした権威ある精神科のお医者様は、さすがにこんなことは言われませんでしたが、パソコンを見ながら、4年生の子どもに「最近調子はどう？」と聞かれました。大人でも、なんと答えればいいかわからないような質問に、心を病んでいる4年生の男の子が答えられるわけはありませんでした。

市が行なっているカウンセリングを受けようと、予約の電話をしたときのことです。

「子どもが心の病気にかかっていて……」

「お母さん、今なんと言いましたか？　お母さんが子どものことを『心の病気』だと

言うから、子どもは心の病気になるんです!!」
と怒られてしまいました。もちろん、予約はしませんでした。

「母親がこうすると、子どもはこうなる」
「子どものこれは、母親のあれが原因」

こういう図式は、確かに存在します。しかし、悩んでいる母親にそれを突きつけるような仕組みが社会にはたくさんあります。それが、余計に母親を追い込んでいるのです。

不登校解決にはプロの力が必要だと思って駆け込んだ相談先から、裁かれるような言葉を向けられると、もう本当に逃げ場がありません。自分を責め、罪悪感に追い込まれた母親が、不登校や心の病気で不調となった子どもを支えることができるでしょうか。

答えは明確です。できるはずないのです。

不登校を解決する第一歩は、お母さんが自分を責めるのをやめることなのです。

不登校児のお母さんは、ほぼ100パーセント、自分を責めています。

「自分の何がいけなかったのだろう」

と、不登校の原因は自分にあることを大前提に考えています。そこに追い討ちをかけるように、世間から
「甘やかしすぎ」

「心を弱く育てたから」

「愛情不足」

「お母さんが原因」

などと言われます。


「働く母親は、子どもと過ごす時間があまり取れないため、愛情不足になり、子どもが不登校になる」

「お母さんが子どもの存在そのものを認めることが少ないため、子どもが自己受容できなくなり、不登校になる」

「子どもに甘すぎて厳しさが足りないと、子どもの心が弱くなり、不登校になる」

子どもが不登校になると、よくこんなことを言われるのですが、お母さんが働いていると、子どもはみんな不登校になっていますか？

お母さんが子どもを否定しがちだと、みんな不登校になるでしょうか？

甘やかして育てられた子どもも全員不登校ですか？


そんなことはありません。

専業主婦のお母さんの子どもが不登校になることもありますし、甘やかされて育てられた子どもの大半は、元気に学校へ行っています。お母さんが子どもに否定的で、いつも怒っていても、ほとんどの子どもは普通に学校へ通っていますよね。

もちろん、お母さんがこうだと子どもがこういうふうになるという図式が、まったくないわけではありませんが、そういうことが起きやすくなることはあっても、決して「絶対」ではありません。

子育てがこんなふうに、数学の公式のように簡単で単純なものだと、誰も苦労はしません。


不登校はお母さんのせいではありません！

私の何がいけなかったのだろう？
犯人探しをやめて、
事実だけを見れば大丈夫。
子どもが不登校になった。
ただそれだけなのです。

「好きなこと」に没頭させることが活路に

次男を毎日学校へ無理やり連れて行くことをやめた私は、だからといって「学校へ行かなくても大丈夫」と思えるようになったわけではありません。「泣いて嫌がる子どもを無理やり行かせるのは違う」とわかっただけです。


うつから生還した人、出社拒否だった人、いろいろな人に意見を聞きました。会社での人間関係で心の病気になり、電車にさえ乗れなくなったある女性は、

「何かに没頭するのがとてもよかったんです。私は編み物が好きだったので、編み物をずっとしていました」

と言っていました。

「これだ！」私は、そう思いました。息子の好きなこと……、それは、野球、ソフトボール。単純な私は、それから毎日、息子と二人、キャッチボールをしました。私は運動は得意ですが、男の子のスポーツである野球系は得意ではありませんでした。でも、そんなことを言っている場合ではありません。

とにかく好きなことに没頭させようと、毎日毎日、キャッチボールをしました。そのうち、二人で野球の試合もするようになりました。二人だけの野球の試合なんて、想像できますか？

私がピッチャーで息子がバッター。息子がヒットを打つと誰がボールを取るか。透明人間の守備がいればいいのですが、私がゼイゼイ言いながら取りに走る。また次男がバッターボックスに立つ。私が投げたボールは、ソフトボール部だった息子に、ほとんどホームラン状態で打たれる。

それが延々と続くので、運動不足の私には「地獄」のようで、正直、楽しいより苦しい。息子も、私とこんなことをやってどこまで楽しかったのかよくわかりませんが、私たちは毎日毎日キャッチボールや二人だけの試合をやりました。

私の心の中はまだまだ「理想的なお母さん」のそれとはほど遠かったのですが、息子が「**好きなことに没頭する**」ことは、確かによかったようです。家で何もせずゴロゴロしているより、好きなことに没頭する時間を持つことで、**充実感を得ることができ、それが心を少しだけ上向きにしてくれる**ようでした。

不登校になる子どもたちの心の中は、外から見るよりも大変です。傷ついていたり、罪悪感があったり。そのようには見えなくても、いろいろなマイナス感情で心の中はいっぱい。

そのせいか、いろいろなことにチャレンジする気力がとても低く、モヤモヤ感から逃避するための行動を取ることもよくあります。

息子の場合は、家にいるとき、よくドラえもんの漫画を読んでいました。同じストーリーを何度も何度も、ゴロゴロしながらずっと読んでいるのです。

これに似たようなことは、ほとんどの不登校児に見られます。本ならまだしも、漫画やゲームなら、ほとんどのお母さんは、「うちの子はダラダラしている」、「やる気がない」と思ってしまいます。

「行かなくていいよ」と言いながらも、「学校へ行ってほしい」という本音を抱えている私たち親は、

「元気にゲームができるのなら、学校へ行けたんじゃない？」

す。

と言ってしまいます。子どもが「サボっているだけ」のようにも見えてしまうからで

しかし、本当はそうではありません。**モヤモヤとした気持ちから逃避するための行動**なのです。そうやって別の世界に身を置くことで、なんとかその日を乗り切れるのです。

不登校になった子どもたちの心の中は、外から見ただけでは計りきれません。傷ついていたり、罪悪感があったり、自己否定をしていたりと、いろいろなマイナス感情で心の中をいっぱいにしているケースが多いのです。

単に学校のシステムに納得がいかない、というような子どももいますが、そうであっても、**「学校へ行っていない自分はいけないことをしている」**と思っている場合がほとんどです。なかには、**「学校へ行っていない自分は生きている価値がない」**とさえ感じている子どももたくさんいるのです。

やっかいなのは、それが外からはあまりわかりづらいこと。

こんなに複雑なものを心の中に抱えてしまっている子どもは、「別の世界」に自分の身を置くことで、その日をなんとか乗り切ろうとします。うちの子で言えば、ドラえもん。ドラえもんの世界に没頭することが、現実のモヤモヤを忘れられる時間なのです。

ですから、「ゴロゴロ」「漫画」といった、一見「**非生産的**」と見えるような子どもの行動でも、絶対に否定しないであげてほしいのです。

欲を言えば、ゴロゴロして漫画やゲームに浸っているだけよりも、息子の野球のように何か好きなことがハッキリしていて、それに没頭することは、不登校児の「不健康」とも言える精神状態を良くするためにとてもいい方法です。

息子は、ドラえもんを全巻そろえ、毎日ドラえもんワールドに身を置いて、なんとかその日を乗り切っていました。ドラえもんは「逃げ場所」の確保。一方、野球というアクティブなことを行なう時間を持つことで、「前に出る」エネルギーを高めていました。

こんな「**生産的な活動**」と「**非生産的な活動**」の組み合わせがよかったのだと、今さらながらに思っています。

私と息子の「二人野球」は、早朝、小学校のすぐ横の公園で行ないました。その公園は、広くて使いやすかったということだけでなく、学校から子どもたちの声が聞こえてくる距離にありました。

「行きたいけど行けない」タイプの不登校だった息子の「行きたいスイッチ」を刺激してくれるのではないか。そんな「作為」ともいえる期待から、この公園を選びました。

子どもに寄り添い、好きなことを一緒にし、学校へ行けと言わない。私はなんてできたお母さんだったのでしょう……なんていうことはありません。これらはすべて「作戦」。やっていることは良さそうに見えて、私の心の中の叫びは相変わらず「学校へ行って」だったのです。

息子の場合は「学校へ行きたくない」という気持ちからの不登校ではなく、「行きたいのに行けない」というものでした。ですから、そんな私の心の状態のままでも少しはいい方向へ進みました。

ある日、息子が得意な体育の授業が行なわれていることを知り、どうしても参加したくなったようで、フェンスからその状況を見ていて、もうたまらなくなったようでした。

「オレもやりたい！」

と言ったひとことを聞き逃さず、すぐに息子を門のところまで連れて行き、先生と交渉。息子の学校は制服での登下校でしたが、私服のまま体育の授業に乱入しました。

この日をきっかけに、体育の授業、休み時間という「学校へ行きたい時間」限定の登校がしばらく続きました。やりたい野球を私とするものの、下手すぎる私とでは欲求不満。そこへ仲の良い野球仲間の声が聞こえてくる。もう、何が何でもその輪に入りたくなるわけです。

ずっと学校へ来ない子が突然、休み時間にやってくる。不思議がられるか、うわさされるか、はたまたいじめられるか……。親が心配になるのは当然です。そんな親の感情はそのまま現実になるものです。しかし私はなぜか、そこにあまり不安はありませんでした。

うちの子が休み時間にふらっと現われると、何をしていても「わー、○○が来た！」と、みんなが集まり、「野球するぞ～」となるのです。

なかには、ちょっと空気を読むのが下手な子どもがいて、「なあ、○○、なんで学校けーへんの？」と聞いてきたりするのですが、そんなときは、数人がパーッと集まってきて、その子を近づかせないようにしてくれます。

誰も息子の事情を知りません。私は息子のことをほとんど誰にも言っていなかったので、子どもたちがお母さんから、なぜうちの息子が学校へ来たり来なかったりするのかを聞いているわけでもありませんでした。

しかし、何となく状況を察してくれる心やさしい子どもたちのおかげで、休み時間だけ登校する息子は、その時間を楽しく過ごすことができました。子どもたちが表わしてくれる「人が持つ本来のやさしさ」のようなものに涙が出そうになったこともありました。

不登校児の理解しがたい心の中

「学校へ行ってほしい」という本音を抱えながら、「学校へ行かなくてもいいと寄り添う母」でもあった私は、関西風にいえば、「いったいどうしたいねん？」と突っ込まれるような不完全極まりない母親でした。

それでも息子を押したり引いたりしながら、休み時間を中心とした登校に付き添い続けました。

休み時間が終わると、

「〇〇、一緒に授業受けようや」

「一緒にお弁当食べよう」

と言ってくれるお友達に囲まれ、息子の心が揺れはじめます。友達ともっと遊びたい、もっと一緒に時間を過ごしたいと思うようになるのです。

そんな様子を見ながら、私は虎視眈々とチャンスをうかがっていました。すると、息子が1年中でいちばん楽しみにしている「体育祭」が9月末にあり、そのことがきっかけになって、とうとう「教室まで行ってみる」と言わせることに成功したのです。

タイミングとしては最高でした。息子は、体育がとても得意で、体育祭でリレーの選手に選ばれることをいつも楽しみにしていたのですから。「不登校中」でしたが、いったいいつの体育の時間にリレーの選手を決めるのか、息子は、それをとても気にしていました。

最初は、教室の前まで行くものの、やはり、なかなか中には入れません。そのまま入らずに帰る日を繰り返していましたが、ある日、私は勝負に出たのです。

その頃、キックボードをほしがっていた息子に「買ってあげる」と囁くと、なんと息子は首を縦に振ったのです。

「ママが廊下にいて、授業が終わるまで待ってて」と条件を付けるものの、頑張って1時間出てみると言います。もちろん、私は即ＯＫを出し、廊下で待機。見事に作戦成功というわけです。

この日を境に、私は廊下で何時間も待つ日が多くなり、それが数カ月続くのですが、おかげで、普段できない読書がかなり進みました。そんななか、担任の先生のお計らいもあり、リレーの選手を決める体育の授業にもうまく参加することができ、リレーの選手になりました。

夏休みをはさんでの二学期。体育祭を前に、始業式には普通に学校へ行けました。

「絶対に学級委員にはなってきたらダメよ！」

何度も念を押されたにもかかわらず、息子は、始業式の日に学級委員になって帰ってきてしまいました。

学校へ行かなくなる可能性のほうが高いのに、どうして学級委員になってくるのか……。不思議であり、理解できない行動。始業式の次の日には、三人の女の子から秘密の手紙をもらってきたりもしていました。なんとも不思議な不登校。

大人の「うつ」や「出社拒否」なら、このような行動をする人はいないと思いますが、何と言ってもまだ小学生。彼らの心の中は、大人には到底理解できないと思ってかからないと、理解すること、受け入れることが難しいのです。

息子は九月の終わりの体育祭で元気いっぱいに活躍し、そのまま順調に不登校から卒業するのかと思っていましたが、なかなかそうはいきませんでした。体育祭が終わると、またパッタリと学校へ行かなく、いえ、行けなくなりました。

「好きなことだけやって、いやなことはやらないんだ」と言いたくなりますが、決してさぼっているわけではないと、ずっと息子の近くにいた私にはわかっていました。

体育祭が終わるまでは、「しんどい気持ち」よりも「楽しい気持ち」が勝っていたのです。しかし、「リレーで走る」という息子の「楽しいこと」が終わると、「しんどい気持ち」が前に出てきてしまったのです。

体育祭終了まで学校へ行けていたときも、決して治っていたわけではなく、病的な心の状態のまま、「楽しい」「やりたい」という気持ちが、登校へと息子を引っ張っていただけ。根本的な解決にはなっていませんでした。

不登校の子どもたちは、「これじゃあ、とても学校へ行けない」と親が思うような、わかりやすい表現で心の中を見せてはくれません。表向きは、「これなら行けるんじゃない？」と思ってしまうくらい、平気に見えてしまいます。

そこで私たち親は、見た目だけで「学校へ行けそう」と判断し、

「しんどくて行けない。本当は行かなくてはいけないのに……」

と思っている子どもに対して、

「そんなに元気そうなんだから行けたんじゃない？」

と言ってしまい、子どもの気持ちをますます追い込んでしまいがちです。

ときには、

「いつまでもさぼってはいけないよ」

「いつまでも行かなかったら、とんでもない人生になるよ」

などと言ってしまうこともあります。


うちの場合は「体育祭」でしたが、「卒業式」「入学式」といった特別な行事にだけ行ける子どももいます。「行かなければ」というような気持ちが子どもの心の中に生まれるのかもしれません。

どんな理由にせよ、「学校へ行ける」ということはあっても、「行ける理由」がなくなると、また元の状況に戻ります。とにかく、彼らの心の中は、複雑怪奇で理解不可能だと思うくらいで、ちょうどいいかもしれません。

子どもを「守ってあげる」という気持ちが子どもをダメにする

休み時間や体育の時間に登校できるようになったとはいえ、毎日の息子のコンディションは異なりました。

毎朝、毎朝、同じ時間に起こして、

「今日は学校へ行く？　どうする？」

「門のところまで行って帰ってこようか？」

「午前中だけ行ってみる？」

と問い続けること30分。

「行きなさい」

とは決して言いませんでしたが、こんな問答を毎朝30分もするのですから、私の中の「学校へ行ってほしい」は、息子にビンビンと伝わっていました。


今ならわかるのですが、これは、お勧めできる方法ではありません。当時の私は、「学校へ行きなさい」とさえ言わなければ良いのだと思っていました。でも、言わなくても思っていると、それが行動に現われてしまいます。

「休み時間にだけ行こう」「プールの時間だけ」「1時間目だけは?」「保健室でもいいよ」。これらの言葉は、すべて「学校へ行こう」と同じです。

しかし、私としては、

「1時間目から6時間目まで学校へ行こう」

とさえ言わなければいい、そんな考えでした。

これらの言葉を言ってはいけないということではありません。むしろ、言うほうがいいこともあるのですが、それには、**焦りや押し付けの気持ちをすべて排除し、子どもを観察したうえで、タイミングを見計らう必要があります。**

「プールの時間だけ行こうかな」

ある日、息子がこう言ったので、私は喜んで息子を学校まで送って行きました。しかし、学校の中へは入ったものの、プールの授業は受けずにそのまま帰って来ることになりました。

そのときのことを、息子も私もよく憶えています。帰り道、私は、言葉は柔らかか

ったものの、息子を責めるような気持ちで、

「どうしてプールに入らなかったの?」

と聞きました。

彼は、私のそのエネルギーを感じてか、あまりしゃべりませんでした。

私はプールバッグを地面に放り投げて、

「もういいわ」

と言ったのです。すぐに謝ろうとしましたが、時すでに遅し。怒ってしまった息子は、
私と別の道を通って家へ帰ってしまいました。

私のこの言動は、まさに
「学校へ行きなさい!」
と言っているのと同じ。その言葉を使っていないだけに、事が余計にややこしくなります。「行かなくてもいいよ」と言いながら、本当は行かせたい。「1時間目だけ」と言いながら、本当は最後まで学校にいてほしい。
こんな親の思いがどんどん子どもに伝わり、子どもは「親に自分の苦しみを理解し

てもらっていない」「親から責められている」と感じます。これでは、親子の信頼関係を失ってしまいかねません。私たちの場合は、そういう状況になりませんでしたが、子どもの性格やちょっとした行き違いで、親子の絆が弱くなってしまうことは十分考えられます。

もっと怖いのは、「学校へ行っていないことはいけないこと。だから僕はダメな人間だ」と思わせてしまうことです。不登校の子どもの大半は、「学校へ行かなくてはならない」と思っています。そこへ、親の「学校へ行ってほしい」が痛烈に伝わると、子どもはますます自分を責めかねません。

このときの私は、一歩間違うと、そうなるかもしれませんでした。まだまだそんな状態だったのです。

そんな私にも少しずつ成長する機会をもらえました。あるとき、とてもお世話になった方とランチをいただきました。コーチングの協会理事をされていて、塾経営もされている辻本加平さんでした。ご自身がいろいろなことから数年間「うつ」になり、そのことに関する本も出版されています。

息子のことをお話しすると、とてもよくわかってくださいました。

このときの私は、自分のことを
「学校へ行かなくてもＯＫを出している。そのうえ、毎朝丁寧に時間をかけて子どもが学校へ行きたいか聞いてあげている。なかなかのいい母親をやっている」

と思っていたのです。ところが、大先輩であるこの先生は、私を責めるでもなく、ひとこと、こう言われました。

「もしかして、**『自分が子どもを守ってあげないといけない』**と思ってはるのとちがう？」

この一言に私は、ガーンと頭を打たれたような思いがしました。**「守ってあげる」と考えているということは、「私が守る人、あなたが守られる人」と考えているということ。**「やさしいお母さん」を頑張っていた私は、**息子を「治らない人」に仕立て上げていたのです。**あの手この手で息子を押したり引いたりしながら、私は彼を非力にもしていました。子どもの力をまったく信じていなかったのです。

私は振り出しに戻らなければいけませんでした。私は先生に別の質問をしました。うちの子どもが習い事をしている先生のご主人が25年以上引きこもっていらして、一向に治る気配もない。先生はうつから見事に生還されたけれど、習い事の先生のご主人は、まったく治らない。この違いは何なのかと。

私が思い切って聞くと、先生はこうおっしゃいました。

「僕の知り合いの息子さんでね、ずっと引きこもっている男性がいるんやけど、その男性のご両親は資産家で、彼らはその息子さんに銀行のキャッシュカードを持たせているねん。

その息子さんは、必要があれば銀行に行ってお金を引き出す。コンビニにブラッと行って食べたいものを買う。不自由してないねん。治る必要がないねん。そうなったら、ずっとうつやで」

うちの息子は、私が「守ってあげている」。だから、治る必要がないのかもしれない。少なくとも、**「治りたい!!」と必死になる必要がないのかもしれない。**

どの子どもの中にも
必ずある力を信じましょう。
その時期が来たとき、
子どもは自分で問題を解決してしまいます。

「今のままでは不自由だ」「今の状態を抜け出して、こんなことを何が何でもやりたい！」。**うつからの生還、心の病気の完治には、こういう「切羽詰った気持ち」が必要**なのだということを、このときに学びました。

私の接し方は、決してこの「切羽詰った気持ち」を掻き立てるものではありませんでした。どちらかというと、「切羽詰らなくてもいい」状態をつくっていたのかもしれません。

「守ってあげる」そう思い込んでいた私は〝危険な母〟でした。

息子の身体に起きた耐え難い苦痛

息子は、4月のあの事件以来、学校へ行けないだけでなく、身体にも苦しい症状が出ていました。

突然頭が割れるように痛くなり、転げまわります。そして、びっしょりと汗をかいているのですが、手足が冷たくてブルブル震えていることもありました。それから激しい嘔吐。嘔吐が終わると、やっと少し落ち着きます。ところが、しばらくするとまた転げまわるような頭痛。そして、激しい嘔吐。

この症状が、いつも4時間ほど続きます。いちばん長いときは7時間も続きました。

学校へ行くとか行かないとかよりも、この「発作」を、私はいつも恐れていました。突然やってくるからです。体調とか心の状態など何かきっかけがあるようにも思えません。さっきまで普通に話していたと思っても、突然頭痛がはじまり、4時間くらい、長いときには7時間くらい地獄の時間が続きます。

この発作は、1カ月に一度くらいの割合で起きていました。

嘔吐があまりに激しく、しかも吐いてしまった食べ物は、しばらくの間、口にすることができません。それで食べられない物がどんどん増えていきました。

頭の痛みは、普通の頭痛の比ではないようで、叫びまくり転げまわるのです。私がいてもどうしようもないのですが、この頭痛がはじまると、息子は

「ママ！　ママ！」

と私を呼びます。

息子を置いて仕事に行っているときは私の母が息子と一緒にいてくれたのですが、こ

の発作が始まると、
「ママ、ママ。早く、ママを呼んで。ママ‼」
と叫びます。私は、出先でも常に携帯電話を自分の側に置き、息子の元へいつでも帰れるようにスタンバイしていました。

仕事がら、授業をすることもあるのですが、この頃はいつも、授業の途中でも他の先生に代わってもらえるような体制で授業に臨んでいました。連絡が入ると、どんなときでも、高速道路を飛ばしてでも、いつもいつも息子の元へ帰りました。

私が側にいても、楽になるわけでも発作を止められるわけでもないのですが、私にいてほしいと思っている息子の側にいてやりたかったのです。

発作を起こしている息子は、私の膝枕で、汗をびっしょりかいて頭痛と戦います。私にできることは、ひたすら頭をマッサージしてあげることだけ。そして、愛情いっぱいに抱きしめてあげることだけ。

発作が起きるたびに、「代わってあげたい」「神様、赦して」という思いで心がいっぱいになり、辛くて仕方がありませんでした。同じことが自分自身に起きたら、もちろん辛いですが、頑張れば乗り越えられます。しかし、子どもに起きることは、自分に起きる以上に辛いのです。

神様は、私がいちばん辛いと感じる方法で、いったい何を教えようとされているのか？　とくに何かの宗教を信じているというタイプではありませんが、息子に発作が起きるたびにそう考えていました。

息子は一度、私にこう言いました。

「ママ、もう死にたい」

これは、学校へ行けない辛さからくる言葉ではなく、あまりに激しい頭痛から出た言葉でした。もともと、こんな言葉を言うタイプの子どもではまったくありませんでしたから、それほど頭の痛みは耐えがたいものだったのでしょう。

親にとって、こんな言葉を小学生の小さな子どもから聞くことほど辛いことはありません。

そんな体験を重ねるうちに、私の心では少しずつ変化が起こっていました。それをうまく分析できているわけではありませんが、そのときにいろいろな感情を感じることで、私は確実に成長できたのだと思っています。

今はもう、そのときほど激しい発作が息子に起こることはありませんが、それでもときどき、突然、耐え難そうな頭痛が起き、立っていることさえままならなくなって体調不良に陥ることがあります。しかし今は、さっさとベッドに入ってしっかりと休息することで、自分で乗り越えることができるようになっています。

それでも私の中では、息子が曇った顔で「頭が痛い」と言って帰ってくると、あの日々が思い出され、そのとき味わった感情がリアルに蘇ってくるのです。胸がしめつけられるような、とても苦しい感情、ものすごく「かわいそう」だと思う感情、でも「この子が、心の底から愛おしい」と思う感情。

いろいろな感情が、あのときのまま蘇ってきます。あの頃の私は、自覚していたよりもずっと辛い気持ちを抱えていたのだと、今頃になって理解できた。そんな感覚です。

母親が子どもに「学校へ行ってほしい」と思えるのは、少なくとも身体的には問題がなさそうに見えるときです。でも発作を恐れていた私は、「学校へ行ってほしい」以前の「元気な状態になってほしい」がいちばんの願いでした。

子どもが毎朝ランドセルを背負って普通に学校へ行くことは当たり前のことではない。**ただ子どもが生きていることこそが感謝**なのだと気づいていませんでした。息子の発作は私の一方的な親のエゴで「学校へ行ってほしい」と息子を追い詰めることのないように、神様が私に与えてくださった気づきのチャンスだったのかもしれません。

間違ったり正解だったりの試行錯誤

今から考えると、無駄なこと、遠回りしたことなど、いろいろとやりましたが、とにかく必死で毎日息子に寄り添っていました。

息子が不登校になった当初は、毎日学校へ行って状況を聞きだしました。それでもわからないと、同じクラスのお友達のお母さんに、子どもたちが何と言っているのかを聞いてもらったり。

学校で聞くことと、クラスメートの子たちが言っていることがまったく一致していないときは、校長先生に何度も話し合いを求めました。とはいっても、学校に謝罪を求めるとか、そういうことは何もしませんでしたし、そんなことをしたいとも思いませんでした。

息子のこの一件に巻き込まれてしまう結果となった先生に、一日も早く息子に会ってもらい、

「あの授業中に起きたことは何でもないことだった。先生にも何の悪気もなかったのだ」

と伝えてほしい。それだけだったのです。

あとから息子に聞いてみると、あのときの先生が怖かったという記憶は、まったくありませんでした。「漏らしてしまうかも」という「恐怖」が、彼の病気が発症した原因だったので、私の試みは、まったく無駄だったと言えるかもしれません。

学校に行き、教室に入れるときは、息子のリクエスト通り、廊下で授業が終わるのを待っていました。休み時間だけ登校して友達と野球をして遊んでいるときは校庭で

待っていたりしました。

ときには学校へは行くものの、保健室にいて帰ってくる日もありました。そんなときは、息子がそうしてほしいというので、保健室に一緒に登校します。

余談になりますが、このおかげで、今どきの保健室には、休み時間ごとに驚くほどの数の生徒が来ることもわかりました。クーラーでお腹が冷えた、ちょっと指をはさんだ……さまざまな理由で、子どもたちは驚くほど気軽に保健室を訪れます。全校生徒五百人ほどの小学校で、毎日ほぼ百人の生徒の名前が保健室のリストにありました。

この「異常」ともいえる保健室での光景も、昨今の「不登校児の多さ」と何か関係があるのかもしれません。


私はあるとき、ひとりのお母さんに呼び止められ、こう言われました。

「杉本さん、変なうわさがまわってるよ。担任の先生が新任だから、どんな授業をしているのか、杉本さんが毎日学校へ来て見張っているって」

今の私であれば笑って終わるかもしれませんが、このときの「必死」だった私、「ただただ子どものために一生懸命」だった私は、この言葉に傷つき、かなり落ち込んでしまいました。

「学校へ行けない息子のために、一生懸命できることをしているのに、どうしてこんなことを言われなければならないの……」


家へ帰ると、涙が出てきました。

「学年集会」というお母さんたちの集まりがあったので、私の状況を理解してもらえるように皆さんの前でお話しさせてもらおうかとも思いました。しかし、そんなことをしても、子どものためにはならないし、うわさ好きな人は、私の言葉を受けて、また別のうわさをするかもしれない。そう冷静に考えて、何もしませんでした。

これにかぎらず、子どもが不登校になると、いろいろと言う人がいるものです。それが当たり前くらいに思っておいたほうが良さそうです。


じつは、娘が不登校になっていたときも、特定のお友達との関係という明確な理由があったにもかかわらず、

「お母さんが仕事ばかりしているから、子どもがさみしがっているのよ」

と、まわりに言いふらしている人がいました。

世間は、こんなものなのかもしれません。私たちが、それに振り回されないように気をつける。ただそれだけが、私たちができることです。不登校児をもった母親の気持ちは、そうなった人にしかわかりません。**誰も、経験したことのないことは、わかりきれないのです。**

いろいろと言う人が悪いとか良いとかという次元で考えずに、**何があっても振り回されない練習のチャンスだと考えて、もっと子どものことにエネルギーを注ぐほうが賢明**です。これも、私が子どもの不登校を通して学んだことです。

こんなこともありました。

息子の病気のきっかけは、学校の先生とのことなので、担任の先生、校長先生、教頭先生とは、いろいろと話す機会がありました。どういうきさつで、私が毎日、息子と一緒に学校へ来ているのか、よくご存知のはずの教頭先生に、あるとき、声をかけられ、こう言われました。

「お母さん、ちょっと過保護すぎませんか？」

息子が少しでも学校へ来やすいようにするにはどうすればいいのか……。私が付いて来ることで出席日数が増えるのなら、そのようにする。何度も繰り返された話し合いでの内容です。

もちろん、教頭先生は悪気があってこう言われたのではなく、簡単に言うと「話し合いの内容をあまり憶えていなかった」のです。この事件？　の後、すぐに私は、校長先生、教頭先生、担任の先生をはじめ、息子のことに関わってくださっている先生方と話し合いの場を持っていただきました。

その意図は、学校へ行くようになり（この時期は割と学校へ行けていた時期でした）、一見「元気そう」「もう治った」ように見えている息子の、学校生活だけでは見えない姿を先生方に理解していただくことです。

教頭先生のこの一言も、きっと、「学校へは元気に来ているのに、このお母さんはどうして付いてくるのだろう？」と感じたからこそのもの。先生方は、息子がもう大丈夫になったのだと思われたのでしょう。

先生方との話し合いの場では、これらのことをお伝えしました。

息子には、あのひどい発作が月に1、2回は起き続けていること、家では私がいないと不安がること、夜は毎晩なかなか寝付けず、私がマッサージをしてあげたりしながら、時間をかけて眠りにはいること。そして、私の真横でないと眠れないこと、私がいないと、友達の家でさえ出かけることができないままなこと。

教頭先生は、私の言葉をノートに書いてくださり、

「お母さんの話されたいことはこれだけですか？」

と確認されたあと

「良かった。叱られると思っていました」

と笑いながらおっしゃいました。

どこまで私の思いが伝わったのかはわかりませんが、こうした場を持たないよりは持ったほうが良かったのだと思っています。**先生方に伝わる内容が、こちらが思っているよりもずっと少なかったとしても、子どもは母の姿を見ているのです。**

息子は、私たちの話し合いの場に付いて来たわけではないので、どこまで何を見ているのか、何を感じているのか、確かめたことがありません。しかし、お母さんがし

ょっちゅう学校へ行ったり、いろいろな人と話をしたりしていることが、何だかわからないけど「お母さんは僕のために必死に動いている」こととして子どもに伝わります。

親の行動そのものが合っているのか間違っているのかということよりも、そのことに込められた親の気持ちが子どもに伝わることのほうが大事なのではないでしょうか。

もうひとつ今でも思い出されることがあります。

精神的に弱っている子どもは（大人もそうでしょうが）、冬に向かい、寒くなってくると、調子が悪くなる傾向にあります。

息子も、「体育祭」があったこともあり、夏の間は「このまま行けるようになるかも？」と思うほど学校へ行くことができるようになっていました。ところが、秋から冬にかけて、どんどんと家にいることが普通になってきました。

こんな時期には、「学校」という場所から遠ざけないように、息子を連れて暗くなった学校に、担任の先生に会いにだけ行くこともよくしていました。学校へ行くと息子の「やっぱり学校へ行きたい！」という気持ちが高まるようでした。それで、行けな

い時期は「夜の登校」をよく行なったものです。

しかし、今振り返ると、「行けない」子どもに「行きたい」という気持ちにさせるような刺激を与えることが本当に良かったのかというと、かなり疑問です。

不登校になった子どもの心に寄り添うことは、絶対に必要なことですが、私がやったようなことがすべて良かったかというと、答えはＮＯです。

息子の要望を聞いた末の行動ではありますが、私がいろいろと動かないと学校へ行けない状況なら、しばらく休ませてもかまわなかったと、今ならそう思えます。

私が行なった試行錯誤の数々は、「正解」か「不正解」かという点から考えると、正直、「不正解」のほうが多かったかもしれません。精神科のお医者様は、「子どもが『行きたい』と言っても、『行ってはいけない』と止めるくらいでちょうどいい」とおっしゃっていました。

行きたくても、行くことにまだ負担が大きい時点では、行かせることでもっと行けない精神状態を作りかねないからだといいます。その点では、私の行動は「アウト」

でした。

また、私の子どものケースは小学生ですが、これが中学生だったら、高校生だったら……対応はまったく異なるでしょうし、子どもの反応も違ってくるでしょう。「正解」にしても「不正解」にしても、小学生の場合とは大きく違ってきます。

「正解」の行動をすることだけがいい、ということではありません。「不正解」の行動だけれど、結果として子どもにお母さんの愛が伝わる、思わぬ人との出会いがあるといったふうに、どんなプラスのことが起きるのかは私たちの頭では予測できません。

試行錯誤で遠回りをしてしまっても、その期間に、いろいろな学びがあったりもするものです。親子で向き合い、不登校の数年の月日の間、困難な中に出口を求めて進む。**結果ではなく、そのプロセスこそが不登校を宝物へと変えていく**のです。

私の場合は、**不登校の数年の月日が、子どもから不動の信頼を与えてもらえる期間**だったと感じています。息子がしてほしいことを叶え続け、空回りや無駄なことをいろいろとやったことで、彼に安心感を与えることもできたと思えるからです。

ママが行なったすべてのことは
正しかったのです。
愛が発信源であるかぎり、
間違った選択など存在しません。

不登校2年目に母親同伴で林間学校へ

不登校も長く続くと、自然と私の「焦り」もなくなり、「あきらめモード」がいい感じに作用するようになります。入り口は「あきらめ」ですが、それが「開き直り」に変わり、最後には「受容」へと変容していきます。この流れでないと、私は息子の不登校を受け入れられなかったのです。

次男が不登校1年生だった小学4年生のとき、長男は6年生で受験生でした。この年の秋から冬にかけて、私の意識は長男の受験へと向けられました。その分、私はあまり次男を学校へ行かせようとはしなくなりました。

昼間ずっと家にいる次男とたくさんの話をし、キャッチボールをし、二人で昼食を食べ、一緒に片付け、それから私は仕事へ行ったり、長男の塾の送り迎えをしたり。次男には、相変わらず毎月の発作があったので、そのたびに仕事から飛んで帰ってくる。そんなことに慣れっこになっていました。

次男は、そのまま5年生へと進級しました。春になって気候がよくなってくると、少し学校へ行けるようになりました。学校へ行くと、友達と楽しく過ごし、大好きなソフトボールクラブの活動も精力的に取り組んでいました。

不思議な感じですが、クラブの中では主要なメンバーの位置のまま。ソフトボールをしているときは、不登校だとか心の病気だとかは、まったく関係ないようにしか見えないのです。

5年生の夏には林間学校があります。友達と一緒に楽しいことをしたい気持ちが高まっていた息子は、この林間学校にどうしても参加したいという思いを募らせていたのです。しかし、ネックが二つ。

一つは、そのときもまだまだ続いていた例の発作。いつやってくるかわからないあの発作が起きたときに、私がすぐに飛んでいけない場所にいることは、息子にも私にも考えられないことでした。

二つ目は、夜寝るときの状況です。まだまだ寝つきが悪く、私の横で、私にぴったりとくっ付いていないと眠れないという状態は、1年以上経ったこの時期でもまったく改善されていませんでした。

「ママ、どうしても林間行きたいから、付いてきて！」

息子が出した結論は、私付きで林間学校へ参加するというもの。心の病で幼児退行気味だったとはいえ、友達の前では5年生、10歳の男の子です。なので、「こっそり」「他の人に見つからないように」私が近くに待機するという条件付きでした。

息子が学校に普通に行けるようになることを強く望んでいた私は、この一泊の宿泊行事に付いて行くことにしたのです。


息子は2日間の林間で、二度、嘔吐しました。例の発作のような嘔吐ではありませんが、楽しいながらも、かなり疲れたのでしょう。やはり、「心が弱っていた」のです。

外から見ると、楽しそうにしか見えないのですが、私が待機している宿に、途中で抜けて昼寝をしに来ていました。しんどくてたまらないけれど、どうしても友達と楽しい時間を持ちたい。そんな思いを痛いほど感じました。


不登校が始まって、2年目の「体育祭」が9月に。このときも、張り切って「リレーの選手」を目指しました。こんなときだけ、ほとんど休まずに学校へ行くのですが、これが終わると、やはり休みがちになるのです。

「あきらめ」から「受容」へと変わっていたはずの私の心も、息子が学校へ行き始めたとたん、欲が出てきます。そして、その欲は、焦りへとまた逆戻りさせます。学校へ行かなければ、ずっと一生引きこもり？　結婚もできない？　就職もできない？　私が死んだらどうするんだろう？

こんな不安が押し寄せてきます。1年後には中学受験が迫っています。といっても学校には行けないし、塾にも行けません。こんなままでは、どこも受験できない……。

公立の中学に進学することももちろん可能なのですが、息子が通っている小学校は全員が受験します。そんな環境で、公立へ進学することは不登校中の息子にも私にも考えられませんでした。もちろん、考え方を変えれば別の選択だってありますが、少なくとも、あのときの私たちには「受験」以外の選択をすることはできませんでした。

5年生も終わりかけ、春になろうとしていた頃です。幼稚園のときから仲が良かった親友が通う塾に自分も行きたいと言い出しました。塾に電話をし、体験レッスンの予約を取り、息子は行く気になっていました。

しかし、当日、

「行かれへん……」

と汗をびっしょりかくのです。学校へは何とか行けても、それ以外のところはかなり緊張するのでしょう。「受験しない」という選択はないものの、勉強はあきらめるという選択肢しかありませんでした。

こうして、学校へ行く時期があったり、休む日が続いたり、調子がよかったり悪かったり……。そんな日々を送りながら、私は、できるかぎり息子のそばにいることを続けていました。「一緒に時間を過ごしてあげなければいけない」というより、「私がこの子と一緒にいたい」という思いのほうが強かったのですが、このときは、そうは自覚していませんでした。

「私が寄り添ってあげている」。そうでなければ、この子は駄目になるくらいに思っていたのです。今から考えると、辻元さんにアドバイスをいただきながらも、本当は何もわかっていなかったと痛感します。

「これが食べたい」と言えば、できるかぎりそれを叶えてやり、「これが買いたい」と言えば、贅沢だと感じないかぎりは買いに連れて行ってあげました。少しでも息子が明るくなるように、少しでも笑顔になるようにと、それだけを考えていたのです。私のただひとつの楽しみは、息子が笑う顔を見ることでした。

　そこまでしたことが良かったのかどうか、正直、私にはわかりません。良かったこともあれば、そうでなかったこともあるでしょう。

　しかし、何度も言いますが、**良かったこともそうでなかったことも、どちらも「良かった」**のです。無駄なこと、感情的になってしまったこと、正解だったこと、そうでなかったこと……。間違ってもいいのです。試行錯誤でいいのです。

　確かなことは、私と息子は**「不登校」という出来事の中で、確実に互いの距離を縮めることができた**ことです。元々仲の良い親子ではありましたが、もっと心の奥深いところでつながった。そんな気がします。

不登校が「宝物」であるのは、そんなふうに母の愛を伝える絶好のチャンスが不登校の中にあるからです。

先生のひと言で修学旅行にも付き添う

6年生になると、すぐ4月に修学旅行が行なわれます。カトリックの学校なので、修学旅行は毎年長崎県で、いろいろな教会を訪れるスケジュールも組まれています。2泊3日と、息子にはハードルが高すぎるようでした。

ですから、修学旅行は行かないものだと思っていましたが、友達が多く、一緒に遊びたくて仕方がない息子の提案はこうでした。

「どうしても修学旅行に行きたいから、ママ、こっそり付いて行って」

修学旅行に私が付いて行く？　林間学校には付いて行ったけれども、飛行機を使う3日間の修学旅行への付き添いは想定外で、過保護気味の私でさえ「過保護すぎる」と思えてしまうことでした。

結局は、夕方の飛行機の手配をして長崎に行くことになりましたが、それには、とてもお世話になったひとりの先生の助言もありました。

4年生の4月の初めての英語の授業。あのときから、息子の毎日は想像もしなかった方向へと向かいましたが、どうにもこうにも解決の糸口が見つからず戸惑うばかりだった私たちを助けてくださったのは、隣のクラスの担任の先生でした。

長男もお世話になったこの先生は、次男と同い年の息子さんがおられ、私たち母親の気持ちもよくわかってくださっていたのです。

私は、先生が担任するクラスに次男を入れてくださいとお願いしていました。5年生のときは叶いませんでしたが、最終学年でそれが叶い、心からホッとしたものです。

「先生、付いて来てくれと言われていますが、いくらなんでも、修学旅行にまで付いて行くのはどうかと……」

「お母さん、でもね、4月の修学旅行の話は、卒業式の日まで約1年間、みんなの話題になりますよ。その話に付いていけないのは、心配になりますけどね」

「でも……。先生、同じ『母親』という立場でお答えいただきたいのですが、先生が私の立場なら、どうされますか？　付いて行かれますか？」
「はい。息子が来てほしいと言っているのなら、私は付いて行きますよ」
先生のこの一言で、私は行くことを即決しました。

4年生のあのときから、担任でもないのに、ずっと親身になって本気で私たち親子のことを考えてくださっていたのです。先生は、私の姿を保護者のひとりというより、同じ年の息子をもつ母親として見てくださっている。ずっとそのように感じていました。

私の話を聞いてくださり、職員会議にかけてくださったことで、やっと学校側との話し合いが始められたのも、この先生のお陰です。何より、ご自分の息子さんと同い年のうちの息子を、まるでご自分の息子に接するように関わってくださいました。先生の愛を、息子も私も一生忘れません。

先生は、このときも、教師として、というより同じ「母親」として私に向き合ってくださっていると感じました。それで私は、先生が考えておられるようにしてみようと思えたのです。

長崎への修学旅行への付き添いは、今でも懐かしい思い出です。あのとき、付いて行くという選択をすることで、息子が「小学校の修学旅行」という一生に一度の思い出を作れたのです。そのことが何より本当によかったと痛感しています。

もちろん、「修学旅行に付いて行くなんて、過保護だ」という考え方もあるでしょう。確かに、「付いて行かない」ほうが「子どもが良くなるため」にいいかもしれませんが、このときの私のように「付いて行く」ほうがいいこともあります。

あるいは、たとえ「子どもが良くなるため」だと思って決断したことでも、「違っていた」という結果になることもあります。でも、違っていてもかまいません。またやり直せばいいのです。「違っていた」からこそ「良かった」となることだってあります。とにかく、他人の目で判断するのではなく、自分が「子どものため」と思うことをするという考えからぶれないようにすることです。

息子は修学旅行先で、やはり具合が悪くなったり、夜は眠れず私の部屋で一緒に寝たりしましたが、そうしてでも友達との時間を共有できたことは、息子の心の奥の引き出しに永久に残ります。それが、人生のいろいろなところで、きっといい作用をするなんらかの意味になっていくのだと思うのです。

この修学旅行が終わると、次は臨海学校。息子の学校では6年時に、三つの宿泊行事があります。お察しの通り、これもまた、私の出番でした。しかし、このときは修学旅行のときとは少し手順が異なっていました。

どういう経緯だったのか記憶は曖昧なのですが、最初から付いていては行きませんでした。どうしても必要になったら車で現地へ行くという約束で、息子は臨海学校へと出発しました。

特別な許可をいただいて、おばあちゃんの携帯電話を持たせ（このときは、息子は携帯電話を持っていませんでした）、寂しくなったりしんどくなったりしたら、すぐに電話をするという約束でした。

案の定、電話がかかってきました。夜の10時くらい。

「ママ、ママ、早く来て！」

と、電話の向こうでワンワン泣いているのです。先生の部屋で、自分で頑張れるかどうかギリギリまで話をした挙句だったようです。

電話を切った私は、主人の運転ですぐに現地へ向かいました。所要時間は約3時間。着いたのは夜中の1時頃でした。

息子はというと、担任の先生に、まるで先生の息子のように頭を撫でられて泣きながら寝入っていました。

それでも、次の日は遠泳に普通に参加。夜になると部屋を抜けて私たちの部屋で寝ましたが、このときの彼にとっては、これで精一杯でした。そうしてでも、参加したかったのです。

不登校のままで中学受験

6年生全員が毎年中学受験をするという小学校で、息子だけ公立中学に進むという選択は考えづらい。しかし、他の子は学校と塾の両方で勉強しているのに、息子は、塾はおろか学校にさえまともに行けていないという状況でした。

そのようななかで、中学をどこにするか、本気で選ばなければいけないタイムリミットが近づいていました。

私と主人は、息子の中学校を選ぶため、いくつかの中学校の説明会に行きましたが、彼が選択できる中学校はきわめて限られていました。

偏差値がそれほど高くないところで、最悪、ドアツードアで毎朝送って行けるところです（4年生のときから、電車に乗ることができなくなっていました）。そのうえで、息子が学校での生活を楽しめるような学校でなければいけません。ただでさえ、それほど選択肢がないのに、そんな中学校があるだろうか不安でしたが、何と見つかったのです。

息子の好きな野球のクラブ活動が毎日あります。高校のほうは、過去に選抜で甲子園に出場したこともあり、プロ野球選手まで輩出している……。「入りやすさ」という点でも、競争率は低く、偏差値も大丈夫そうでした。

それは、門をくぐるとすぐに神社がある神道系の学校で、子どもに「宗教心」を持ってほしいと常日頃から思っていたので、とても興味を持ちました。説明会でお話を

聞いた理事長兼校長先生は、ちょっと型破りですが、とても頼もしく、「ここしかない！」と思いました。

ところが息子は、

「オレは絶対にその中学には行かない」

と頑固でした。本人は、小学校の隣にある同系列の中学へ行くつもりになっていたのです。小学校からは女の子だけしか志望していませんでしたが、それでも小学校からの顔なじみが確実にいるし、名前さえ書けばほぼ間違いなく入学できたのです。

確かに、系列の中学なので、これまでの事情を理解してくださり、いろいろと配慮もしてくださるでしょう。家からは徒歩15分で通学もできます。そして何より本人が希望していました。

それなのに、なぜか私は、息子が希望している中学ではなく、別の中学に行かせようと考えていました。それは、息子が大好きな野球部が、この中学にはなかったからです。

このときは、さすがにものすごく悩みました。息子が自分の意志で決めた中学に行かせなくてもいいのか。行きたくないと言っている中学を強引に受験させることは、自分勝手な選択ではないか。

野球部があるかないか。それだけで行きたい中学に行かせないのは、あまりに私が身勝手なのではないか……。彼が志望する中学へ進学しても、ソフトボール部には入部することができるだろうし、ずっと誘っていただいていたリトルリーグのチームへ入ることもできる。

それなら、本人の意志を尊重して、行きたい学校へ行かせようと思うのが普通かもしれません。しかし私は、息子に毎日楽しく学校へ行けるようになってほしかったのです。**学校へ行くとか行かないとかよりも、毎日をいきいきと楽しく過ごせるようになってほしかった。**元の息子に戻ってほしかったのです。

そのためには、彼の大好きな「野球」ができる「学校」に通うことこそ、彼の弱っている心と病気がちの身体は改善されていくものだと思っていました。

毎日クラブ活動をするなかで、「苦しい心」と「野球を楽しむ心」が勝負をする。少しずつ苦しさよりも楽しさが勝ったという経験を繰り返すことで、心が本当に元気になっていき、病気さえも乗り越えられる。

当時の私は、そうなることに強い望みを抱いていました。

受験でもなんでも、子どもの意見をちゃんと聞いてあげることは、子育てのなかでは、とても大切なことです。しかし、当時の息子も含めて、小学生はまだ子どもだということも認識しておかなければいけません。

人生経験がまだ11年か12年ほどの子どもは、人生の大切なところで、あまりに子どもっぽすぎる決断をしてしまうことがあります。うちの息子の場合もそうです。「顔見知りの女の子が何人か進学するから安心」というのが、彼の志望理由。それが、大人が大切にしてあげるべき「彼の直感」なのか、「あまりに子どもっぽすぎる決断」なのかを、私が見極めてあげなければいけない。

私は当時、すぐにこのような考えに至ることができませんでしたが、悩みに悩んで、こう考えるようになりました。ですから、小学校の先生からは系列中学に進学することを強く勧められましたが、私は、親である私にしかわからない息子の出口の見つけ方があるのだと確信していました。

子どもの意見もしっかり聞くけれど、子どもっぽい考えで息子が本当の出口を見失わないようにしよう。それは、私の勝手な都合やエゴから来ているものではないと、自信を持って息子の望んでいないほうの中学を強く勧めました。

息子は、かたくなに私の提案を受け入れませんでしたが、強引に説明会に連れて行き、本番前にその中学が行なう「プレテスト」にも、半ば無理やり連れて行きました。その日は、息子は朝から食事も取らず私に抵抗していましたが、私はそういうことにもまったく怯むことなく、息子をテスト会場に連れて行きました。

じつは、このプレテストを受ける前に、私は、その中学校の入試担当の先生と個人的にアポイントを取り、息子のことを相談していました。息子がパニック障がいであること、突然発作を起こしてしまうこと、お手洗いが異常に近くて授業中も何度もお手洗いに行く必要があること、宿泊行事はほぼ参加不可能だと思われること、学校へも休みがちになる可能性が高いこと……すべて洗いざらいお話をしました。

そのうえで、もし入試を突破できたとき、この学校へ入学させてもらえるのかをお

子どもが
人生の岐路に立ったとき、
あなたが子どもに代わって
大きな決心を
することもあるでしょう。
自信を持って
そうしてください。
あなたの愛は本物だから。

聞きしたのです。テストに合格しても、入学後、学校の迷惑になったり、学校に居づらくなったりするなら、誰より息子本人が苦しむことになるからです。

そのうえで、もしだめと言われれば他校の受験を考えようと思ったのです。結果は、「大丈夫」ということでした。

入学前に、子どもの気になることを隠さずに話してもらってわかっておくほうが、担任の選択という点でも配慮がしやすいと言っていただき、プレテストも安心して受けることができました。

プレテストの日も、事前に「いつでも手を挙げてお手洗いに行ってもいい」という許可を得てから臨むことができました。さらに当日、試験官の先生に、

「学校からは許可をいただいていますが、手を挙げれば何度でも、テスト中にお手洗いに行かせていただいていいですか？」

と、わざと息子の目の前で聞きました。

そうすることで、息子に安心感を与えたいと思ったのです。とくに**子どもが前に出ようとするときは、こういう細かい配慮がとても大事**だと思います。子どもを過保護

にするのではなく、できるかぎり自分で通り抜けられるように手助けをしてあげるということです。

とにもかくにも息子は、無事にこの中学に合格し、病気を克服するチャンスを得ることができました。

とうとう不登校を克服！

じつは、中学校を受験すると決めた当時、息子の心には、4年生のときからの心の病のほかに、別の苦しみが加わっているようだと、私は感じていました。

彼の通っていた小学校では、受験が押し迫るにつれ、授業が自習中心となります。みんな希望の中学の過去問である「赤本」を学校へ持ち込み、解くようになります。うちの息子が持ち込む赤本と同じものを持っている子どもはひとりもいません。みんな偏差値の高い中学をこぞって受験するため、息子の中学を希望する子どもはひとりもいないからです。それで息子は、決して自分の赤本を持っていくことはしませんでした。志望校を聞かれると、「灘中学が第一志望」と冗談を言ってごまかしていたそうです。

不登校、パニック障がいに加え、勉強に対するコンプレックスまで持つようになっていたのです。

「オレはあほやから」

と、よく口にしていたものです。「勉強ができるほうが人としてのレベルが上」のような固定観念が当たり前になっている環境の中で、「受験」に向き合うことにより自己評価がますます低くなっていると、私は感じていました。

そして、ただでさえ不安に陥りやすい心を抱えているのに、「知っている友達が誰もいない」中学校を、ほんとうは受験したくないという息子の思いは、十分理解できました。

そのようななかで、息子は無事、受験した学校に合格し、3月に小学校を卒業して4月には中学校の入学式に出席しました。その入学式の後、教室に入ってびっくり！幼稚園の頃、とても仲が良かった友達が同じクラスにいたのです。

この友達の妹と息子は、同じピアノ教室に通っていたので、卒園後も年2回の発表会の度に二人は顔を合わせていました。別々の小学校へ進学しましたが、交流は続いていたのです。「知っている友達が誰もいない」という不安は、これで一気に消えました。

入試前にお話ししておいた息子の事情は、残念ながら担任の先生にはまったく伝わっていませんでしたが、もう一度、教頭先生と担任の先生に息子のこれまでと今の状態を詳しくお話しし、理解していただくようにお願いしました。

4月の宿泊行事である「オリエンテーリング」では、神道の学校らしく、伊勢へと出かけます。

オリエンテーリングには、本人が嫌がらないかぎり行かせるけれど、泊まることはきっと不可能だとお話しし、状況によっては私たちが迎えに行くという形で参加することになりました。

このときは、小学校の臨海学校のときのような夜中の電話ではありませんでしたが、「ママ、行ったらすぐな、東日本大震災の津波のＤＶＤを観るという学習があって、そ

れで気分が悪くなってしまってん。もう無理やから迎えに来て」という電話が夕方に入りました。仕事中だった私に代わり、主人が電車に乗って迎えに行きました。とくに取り乱していたわけでもなく、淡々と家へ帰ってきたと記憶しています。

その後に行なわれた勉強合宿は、最初から参加をしないと決めていました。それでも、車で送れる範囲だったので送って行きましたが、参加はできませんでした。ようやく中学に入ったのに、やはり学校を休む日があったり、宿泊行事に参加できなかったりという状況はそのまま……。

しかし、本人をよく観察していると、少しずつ変化しているようでした。以前のようにパニックにならず、冷静に対処できるようになってきているようでした。焦らず、長い目で見ていこうと思いました。

先にお話ししたように、この中学に入学させた一番の理由は「野球部」です。「夢中になれること」に一心に取り組むことで、心のエネルギーが高まり、元の元気な息子の姿を取り戻せるのではと思ったからです。

野球部へは、何の迷いもなく入部。幼稚園の頃の親友も一緒に入部することになり、私も、とても心強く感じました。グラウンドが狭く、他のクラブと譲り合っての活動ですが、学校の外を走ったり、筋トレをしたりと毎日運動をしていました。

「レギュラーをとりたい」という思いが強くなった息子は、長距離を走るときも、先頭を走る顧問やコーチの先生の後をぴったりくっ付いて行きます。自主的に朝練をするために、早朝6時に家を出るという生活もできるようになりました。

それでも1年生のうちは、嘔吐したり気分が悪くなったり、例の発作の前兆である頭痛があったりで、頻繁に学校へ迎えに行っていました。先生方や、事情を知らないお友達は、みんな無言で息子を受け入れてくれました。学校もまだまだ休みがちでしたが、お友達は何も言わず、息子の様子がおかしいと、休むように言ってくれるなど黙って助けてくれました。

とくに幼稚園時代からのお友達は、気分が悪くなった息子のかばんを持ってくれたり、さりげない思いやりをあらゆるところで見せてくれました。

こうして、いろいろな人たちに息子が助けられたことを思い出すと、今でも感謝で涙が出てくるほどです。

担任の先生は、若くて少し大ざっぱなところもある方でしたが、とても人間味があり、「勉強よりも毎日学校へ楽しく行くこと」を目標としていた私のこともよく理解してくださいました。

学校はよく休む、定期テストはまったく点が取れない、宿泊行事へ行けない、授業中はしょっちゅうお手洗いに立つ、頭痛や体調不良になると頻繁に私に連絡してくる……と、とても手間のかかる子でした。それでも、息子の立場に立って一生懸命考えてくださいました。

そして、中2の一学期の終わり、

「最近、朝から何度もトイレに行かないけど、学校でも行ってないの？　頭が痛くなったり、吐いたりすることもずいぶん少なくなったし」

という私の言葉を聞いて、息子はハッとした様子でした。

朝は、起床後すぐにお手洗いに行き、出発10分前くらいにまた行き、その後も2回ほどお手洗い。徒歩5分で最寄り駅に着きますが、そこでもお手洗い。電車に乗る時間は10分ほどですが、下車するとすぐにお手洗い。歩いて10分で学校へ到着し、かばんを下ろしてまたお手洗い。

学校にいても、休み時間ごとにお手洗いに行き、授業中に行くことも。野球の練習中も何度もお手洗い。練習や試合で他校へ出かけるときは、まずお手洗いの場所を確認。試合中にも特別に許可をもらってお手洗い。いつでもどこでも「お手洗い」「お手洗い」「お手洗い」。

「友達43人の前でお漏らしをするかもしれない！」と思った小学4年生のときの恐怖は、息子をここまで追い込んでいたのです。

こんなに大変な毎日でしたが、何年もこの調子だと、そのことにも慣れてしまい、大変だと思わなくなっていましたが、野球に夢中になっている間に、いつのまにか例の発作もぐんぐん少なくなり、学校も休まなくなりました。お手洗いのことも、気づいたら普通になっていたのです。

これで不登校も、頻尿も、定期的な発作もほとんど無くなって、完治したのかと思いました。ところが、次の年の夏休みに野球部の友達との人間関係のことで、また、

「二学期から学校へ行かない」

と言い出しました。まさに「天からの最後のお試し」が来たのです。

しかし、このときの私は、とても冷静でした。せっかく中高一貫校に入っているのに、息子は

「もう、このままでは二学期から学校へは行けないから、公立中学へ転校して、高校受験をする」

と言い出します。実際は、とても高校受験ができるような成績ではありませんでした。

私は毎晩、彼の愚痴を聞き、否定をせず、

「わかった。どの学校へ行くことになってもいいから、とにかく二学期に、自分がニコニコして友達に囲まれていることだけをイメージしておきなさい」

とだけ言いました。

二学期が始まると、また不登校を始めかけたのですが、私がさほど気にせずにいる

と、仲のいいお友達から、どんどんメールが来始めました。

「どうしたん？」

「なんで休んでるの？　具合でも悪いの？」

という類のメールばかり。本当に学校へ行けないときには、こんなメールは一切来ませんでした。子どもたちなりになんとなく空気を察して、息子をそっとしておいてくれたのです。

しかし、このときは、こんなメールが来るようになるほど、息子は「普通」に戻れていたのです。結局、人間関係の問題は息子の勝手な想像だったようで、その「最後のお試し」は乗り越えました。以来、息子は、また不登校になるような様子はまったく見せていません。

まったく想像できなかった息子の「その後」

中2の二学期からは、ごく普通の中学生のように、クラブに明け暮れ、友達と楽しくふざけ合うような毎日を送り始めました。1年365日のうち、360日くらいクラブ活動をしているのではないかと思われるほど休みはなく、早朝から朝練、夕方も暗くなるまで練習でしたが、大好きな野球が毎日できている息子は、とても充実しているようでした。

中学の頃はまだ眼鏡をかけていましたが、3カ月ほどの間に二度も、友達と遊んでいて眼鏡が割れることがありました。休み時間はかなりハメをはずしていたようです。友達とふざけていて、教室の窓ガラスを割ってしまい、弁償するということもありました。

心が病んでいる間は、こんな悪ふざけはほとんどなかったので、私にとっては心からうれしいことでしたし、息子が本当の意味で「健康を取り戻した」と実感できることでした。

息子は、4年生の4月から中2の一学期まで止まってしまっていた時間を、一生懸命取り戻しているようでした。

校内合唱コンクールでピアノの伴奏をして、ちょっと女の子に騒がれたこともあります。そうかと思えば、数人の友達と悪ふざけで、仲のいい女子のクラスメートに度

を過ぎたからかいのメールをし、それがその女の子のお母さんに見つかって、親の私までが学校へ呼び出されたことも。息子は、始末書に始まり、親子で数カ月にわたって反省文を毎日書かされました。

いいこともそうでないことも、迷惑をかけてしまったこともありましたが、そのすべてが私にとっては「うれしいこと」ばかりでした。

中3の二学期の懇談が中学校最後の懇談になります。

「お母さん、僕たちは、○○君が元気で学校へ来ることばかりを考えて、成績のことはまったく考えていませんでしたね」

3年間担任をしてくださった若い男性の先生の言葉に、私は笑って答えました。

「本当、そうですね」

目の前に出された成績表は、素点と平常点との合計を100点満点で表わしているのですが、その羅列された数字は、満点からははるか遠いものばかり。しかし、それも私にはうれしいこと。小学校4年生のときは、評価が真っ白な成績表をもらいましたから、そこに点数が書かれていれば、子どもが元気でいるということ。それは、親として本当に本当にうれしいことだったのです。

この担任の先生を思うと、今でも涙が出そうになります。見守ってくださり、本気で応援してくださり、本当にありがたい。この先生も、一生忘れられない先生です。

その後、息子は、無事に中学を卒業し、高校へと進学しました。高校では、縁あって硬式ではなく、軟式野球部へ入部しましたが、元気でクラブ活動に没頭し、一生の友達と言える人間関係に恵まれました。

そして、誰も予想していなかった、地方大会優勝。このときは、先発投手として出場し、その後、国体にも出場しました。

次男が通っていた中高一貫校では、高校の段階から新しいお友達がたくさん入学してきます。そのこともあって、高校時からは中学の頃の息子の様子をまったく知らない子どもたちの中で過ごしました。

そんな子どもたちのお母さんに、息子の中学のときのことを話すと、全員に

「えっ？　信じられない！　うそでしょ？」

と言われます。それくらい、息子の状態は変わっています。

中学から野球部で一緒だったお友達のお母さんさえ、

「えっ？　そうだったっけ？　うーん……そう言えばそんなこともあったような……」

と、あやふや。今の息子の明るい印象が強すぎて、数年前のことをみんな忘れてしまっているのです。

一時は、

「一生引きこもり？」

「中学にも高校にも行けず、この子の人生はどうなるんだろう？」

「仕事もせず、結婚もせず、私が死んだらこの子は……？」

とまで考えて思い悩んでいました。それが、そんなことはまったく無かったかのようになったのです。


とはいっても、今でもときどき、強い頭痛に襲われ、あの頃の片鱗が見えるときがあります。「今日は頭が痛い」と言って、言葉数少なくすぐにベッドに入ることもあり、そのようなときは、あの頃のように頭をマッサージしたり、首や背中の緊張を緩めてあげたりします。そんなときは、以前感じていた恐怖にも似た不安や、子どもを不憫に思う気持ちが蘇ってきて、涙が出そうになります。

落ち着いた今だからこそ、あのとき自分が母親としてどれだけ大変な思いをしていたのか、冷静に振り返ることができます。よくもあんな毎日を送ったものだと思わされます。毎日必死で、「大変」とさえ思う余裕がなかったのだと思います。

不登校を乗り越え、無事高校を卒業した息子が選んだ「進路」は、他の子どもたちとは少し異なっていました。

息子は、自らの意志で、大学へ進学せず、野球の道に本格的に進むことを決めました。軟式野球しかしたことがないのに、なんとプロの道を目指すのです。野球のことがよくわからない私はとても心配しましたが、息子は、大学進学を勧める私たちの意見には絶対に屈しません。

結局、あらゆることを自分で調べ、社会人野球のチームと、プロの独立リーグのチームの入団テストにあたるトライアウトという試験を受け、両チームから合格をいただき、一位指名をしてくださった監督率いるチームに所属して、本格的に野球をすることになりました。

数年前までは、「ママがいなければ何もできない」、そんな状況でしたが、今は、自分の意志で自分の夢を追いかけることを決め、その道へ進み始めることができるようになりました。


不登校でパニック障がい。激しい発作持ちで一生引きこもりになるかもしれない。あまりの頭の痛さに
「死にたい」

と言われ、

「ママも一緒に死ぬから」

と息子を抱きしめて泣きました。目の前が真っ暗でした。

私自身に起きることなら、いくらでも耐えられるのに、子どもに起こっていることに耐えるのは死ぬほど辛いことです。それが今こうなっているとは、まったく想像できませんでした。

今、お子さんが息子と同じような渦中におられる親御さんは、まったく希望が見え

ないかもしれません。私もそうでした。こんなふうに良くなるなんて、まったく想像ができませんでしたから。

でも、私の息子は不登校を乗り越えてくれました。私が体験したこと、学んだことをお伝えすることで、「同じ悩みを持つお母様方が光を見いだすお手伝いになればと思っています。

息子は学校に行くようになりましたが、学校へは戻らずにいい方向へ進むというケースもあります。

どちらの場合も、親がどうするのがいいのかは同じだと思います。

子どもはみんな、それぞれの道を通って成長していきます。みんな大丈夫になっていくのです。

すべてが大丈夫になっていくのです。
今、どんな状況でも、
そのことがわかる日が
必ずやってきます。

2章

今度は娘が不登校に

不登校の兆しゼロだった娘

最初にお話ししたように、私には四人の子どもがいます。三人の男の子を授かった後、娘が生まれてくれました。四人目の子どもが女の子だという話をするだけで、決まって言われる言葉。

「かわいいでしょう！」

かわいいです。四人ともかわいく、どの子も一番好き。そんな気持ちです。しかし、たった一人の娘には特別な思いもあります。

私は子どもの頃から小さな子どもが本当に大好きで、子どものお世話が好きでした。そんな私に初めて自分の子どもが生まれた日は、それまでの人生で一番感動した日でした。生まれたばかりの長男が愛おしくて、出産した母子同室の病院で、

「生まれてきてくれてありがとう」

と言い続けていました。

家に新生児がいる生活が忘れられず、２年後には次男、それから2年半後には三男と産みました。三人の男の子の母である私に、

「産み分けはしなかったの？」

「男の子三人だと、女の子が欲しかったでしょう」

などと言われることもよくありました。

ときには、うちの三人の男の子を見て、何やらコソコソ言う人、明らかに

「いち、にい、さん」

と数えてクスッと笑う人もいました。

しかし、そんな世間の心配をよそに、三人とも男の子だったことに「がっかり」した気持ちは、心からゼロでした。

三人目を妊娠中に性別を確認しようという気はまったくありませんでしたし、三男の出産に立ち会ってくれた主人が耳元で、

「また男の子や」

と囁いたときも、私には

「生まれてきてくれた！　うれしい！」

という気持ちしかありませんでした。

その後、四人目を授かりました。子どもが大きくなると、また新生児が欲しくなる私は、「出産フェチ」の別名があるほど、出産のあの瞬間がとても好きです。生まれてすぐ、この腕に抱く小さな赤ちゃんの匂い。こうして書いている今も、4回の出産のあの瞬間が思い出され、感動が蘇ってきます。

三男が少し大きくなってくると、私の中に、その忘れられない感動を「もう一度体験したい」という思いが強くなってきました。私は30歳を超えてから長男を産んだので、年齢的には四人が限界だったのです。「産めなくなる前にもう一度」という思いが募るにつれて、今回は「最後になるのなら、やはり女の子が欲しい」と思うようになりました。

耳の上のほうで髪をふたつに分けてくくっている、ピンクの服を着たかわいい女の子がいつも私のイメージの中に現われます。そんな思いの強さでしょうか、4回目の

妊娠をしました。

このときは初めて、お医者様に性別を聞きました。「こんなに『女の子』と思ってしまっていて、もし男の子だったら、お腹の子どもを傷つけてしまう」。仕事柄、胎教の知識があった私は、そのように心配をしたのです。

「男の子なら、『四人兄弟で、子どもたちにとってはなんて楽しい家庭になるのだろう！』という思いで心をいっぱいにしよう。女の子なら、念願の初めての女の子の誕生に胸を躍らせておこう」

そんな想いで、お医者様に性別を聞きました。

「99パーセント、女の子に間違いありません」

そう言われたときには、飛び上がるほどうれしくて、思わずガッツポーズ！「人生は私の思い通り」とまで思うくらいの傲慢ぶり？でした。

私の期待をたくさん背負って生まれてきた娘は、それはそれはかわいくて、スカート、ピンクの服、プリンセスシリーズの紙オムツ……と、すべてが新鮮。洗濯物を干すことでさえ至福の時間だと感じたものでした。

娘が生後1カ月の頃から、上の子たちと同じように職場へ毎日連れて行きました。この子は、いわゆる「いい子」「やりやすい子」で、赤ちゃんのときから仕事を妨げるようなことがまったくなく、「場の空気を読む」ちょっと大人のような子どもでした。

幼稚園の頃は、懇談ではいつも先生に褒められるだけ。人にもやさしく、自立心もあり、周りに流されず、いい意味でのマイペースな子どもだと、3年間言われ続けました。

この頃、一番驚いたことは、

「世界で一番好きな人は誰？」

という私の質問に、娘は

「ママ、ごめんね。私は私が一番好きやねん。ママは二番目。ごめんね」

と言ったことでした。

この話をすると、娘を見たことがない人は、娘のことを誤解することがありますが、娘は、自分を自慢するようなタイプではまったくなく、人を気遣い、出しゃばらず、場の空気を読むような子どもでした。それでいて、はっきりと「自分が一番好き」と口に出せる子どもでした。

「自己受容ができている子どもに育てたい」と思っていた私は、この娘の人生は必ずうまくいくと、微笑ましいような気持ちで見ていました。


小学校へ上がると、幼稚園の頃のようにお迎えに行かなくてもひとりで帰って来ました。私は仕事で毎日家にいないので、私の母が学校から帰って来る子どもたちを迎えてくれていました。

娘は、上の男の子たちと違い、学校から帰るとすぐにランドセルを開け、宿題をし、それからおやつを食べます。本当に「やりやすい子」だと、母が毎日感心していたほど。

2年間担任をしてくださった先生も、懇談のたびに「お母さん、本当に言うことがありません。通知表も見てください」という言葉から始まります。

「自分に嫌なことをしてくる子どもにも気遣いができているんです。このくらいの年齢だと、嫌なことをされれば、『先生〜』とわざとみんなに聞こえるように言うのですが、〇〇ちゃんは全然違うんです。

小さな声で、その子にしか聞こえないように『やめてね』と言っているんです」とおっしゃっていただいたこともありました。そして、成績も、生活態度も、お友達との関係も、文句の付けようがないと、いつも言ってくださっていました。

娘も小学校4年生で不登校に

大好きな担任の先生が、娘が3年生になるときに、学校を辞められたのですが、これは娘にとってはかなりショッキングなことだったようです。3年生になると、それまでのようにいきいきと学校へ通わなくなったような気がしました。

夏頃からは、疲れ切った様子で帰ってくるようになり、「しんどい」「暑い」といった言葉がとても目立つようになりました。学校での休み時間も、暑いのが嫌で、友達と外で遊ばずに教室や図書館で読書をしていることが多くなりました。

それでも、他には変化は感じられなかったので、私としては「暑さに弱いんだ」「だれているんだ」くらいにしか思わず、さして気にしてはいませんでした。

二学期の半ばからは、37度4分の微熱が2、3日に一度出るようになりました。娘は毎日、毎日、

「保健室に行って熱を測った」

「しんどかったから保健室で寝ていた」

と言うようになり、能天気だった私も、さすがに本気で原因をさぐろうと思い始めました。

しかし、これといって思い当たることはなく、何故なのかと思いながらも仕事と家事でめまぐるしい毎日を過ごしていました。その間も、微熱がずっと続き、朝は起きるのが辛くなり、学校から帰るとぐったりとソファーで寝るようになったので、一度血液検査をしてもらいました。

結果は、何の異常も見つからず、ホッとはしたものの、原因がわからないままという状態が続きました。娘の状態が普通ではないと少し気づき始めた私は、彼女の体調不良の原因をさぐりました。本人には自覚がないようで、隠しているわけでもなく、本当に原因がわからないまま日が過ぎていきました。

そんなある日のこと、何気ない会話の中で、とうとうその原因らしきことがわかりました。娘はずっと、お友達との関係で悩んでいたのです。

この「悩み」はとてもやっかいで、誰かに「いじめられている」というような単純なものではありませんでした。いじめっ子がいて、いつもいじめられているということはなく、仲良しのお友達のグループの中でのこと。

家によく遊びに行ったり来たりするような、とても仲良しのグループ内での、性格の違いや力関係によるとてもわかりにくいことでした。仲良く遊んでいる日もあれば、鬼ごっこをしてずっと鬼にさせられることもある、かわいいメモを自分にだけくれないことがある、そんな本当にささいなこと。

それも常にそうであるわけではなく、そういうことがよくあったという程度のもの。こんな感じなのですが、同じようなことがずっと続いていたことと、娘が自分の感情をまったく外に出さなかったこととで、ストレスが許容範囲を超えてしまったのでしょう。

こういうことは、誰かが一方的に悪いということはないでしょう。娘はちょっと度が行きすぎた「平和主義者」。こういう娘の性格や態度と、お友達のそういう行動との微妙な組み合わせが原因で、互いの関係がどんどん気まずくなっていったようです。お友達にも娘にも原因があるのです。

娘は、事を荒立てることが好きではなく、とにかく友人関係をスムーズにしたいと思うタイプ。自分が不快に思う場面でも何も言わず、いつもニコニコしていたようです。そうして1年生の終わり頃から3年生までずっと、良好な関係を守るために何もなかったかのように、まったく嫌な感情を感じていないかのように振る舞っていたのです。それがついに身体の不調になって出てしまったのです。これがわかったのが、3年生も終わりの3月のことでした。

あとから娘に聞いた話ですが、血液検査では身体の不調の原因が何も問題はないとわかったとき、初めて「もしかしたら、あれが原因だったのかも……」と思い、ハッとしたそうです。熱の原因は、身体のどこかにあるのではなく、自分がずっと押し込めていた辛い感情にあるのかもと思ったというのです。

はっきりと自覚していなかった感情、そこまで「辛い」と自覚しきれていなかった感情が、身体に支障をきたすほど深刻なものだったのだと理解し始めたのです。

いつもニコニコしていて、自分の感情を露わにしない娘の性格は、人との関係を作るのに良く作用することもあれば、仇になることもあります。

自分の感情を露わにしない。それは、彼女にとっては自然なことで、一生懸命我慢をして自分の感情を押し殺しているわけではありませんでした。ですから、そのために自分にどれだけの負荷がかかっていたのかも自覚していなかったし、「我慢をしている」「傷ついている」、という意識を持っていなかったのです。

それでも2年生までは、大好きだった担任の先生の庇護のもと、辛いこともなかったことにできていたのでしょう。ところが、2年生の終業式の日、先生が辞められることを知り、「先生がいなくなったらどうしよう」と大きな不安に襲われたのだと思います。そのことが体調不良や発熱につながったのかもしれません。

子どもにかぎらず大人でも、自分の心の中くらい自分でわかっていると思いがちですが、自分の心の中はよくわからないものです。小さな身体で、何年もひとりで抱えてきた娘の気持ちを思ったとき、私の口から出た言葉は、**「そんなに辛い思いをする所へは、行かなくていいよ」**でした。そうして、4年生の4月から学校をお休みすることになりました。

ごく自然に学校に行かない選択をする

娘の場合、娘本人から「学校へ行きたくない」と言ったわけではありません。しかし、彼女の話を聞き、身体にそこまでの症状が出ているのに、そのまま続けて学校へ行かせることは、私にはできませんでした。

「学校は行かなくてはいけない場所」と思っている娘には、私のほうから「行かなくてもいい」と言ってあげなければいけないと思ったのです。

実際にそんなふうに子どもに伝えることは、とても勇気のいることだと感じている方は、たくさんいると思います。かつての私もそうでした。しかし、次男の不登校と向き合い、いろいろなことを感じ、いろいろなことがわかるようになったことで、ごく自然に「子どもが学校へ行かない」という選択をすることができたのです。

「勉強がわからなくなる」「このままずっと学校へ行かなくなる」という不安を優先させると、子どもが辛そうにしていても「学校へ行かせる」という選択肢を選んでしまいます。それは、子どもの将来を考えているからこその結論なのですが、親の不安を解消するため、ちょっと厳しい言い方をすれば、**親のエゴからの結論**だとも言えるでしょう。

もちろん、子どもが学校へ行かなくなることは、親としてはとても不安なことです。不安、とにかく不安。この不安の正体は何なのでしょうか？

学校へ行かせなければ、休み癖がつく。休み癖がつくとずっと学校へ行かなくなる。ずっと学校へ行かなければ、進学できない。進学できなければ、いいところに就職ができない。いいところに就職できないと、お給料が低い（もしくはまったく就職もできず、自立できない）。お給料が低い（自立できない）と幸せになれない。

これが不登校への不安の正体です。ほとんどの親は、無意識にこういう思考回路で

「不登校」を捉えているのだと思います。

しかし、よく考えてみると、「学校へ行く」「いい学校へ進学する」「いいところへ就職をする」ということの前に、子どもが安全に、安心して毎日を過ごせるように、「生きる基本」を整えるサポートをしてあげることが必要です。それができないまま、たとえいいところに進学しても就職しても、幸せにはつながってはいかないのです。

この当たり前すぎるほど当たり前なことが、「不安」に押しつぶされて見えなくなるのです。

私は、娘のときはなぜ、いとも簡単に「学校へ行かずに、ママのそばにいよう」と言えたのか。それは、次男の不登校を通じて、**「不登校から不幸せが始まる」という思考回路、「不登校＝不幸せ」という方程式が見事に消え去っていた**からです。

ひとり辛い思いを抱えて苦しんでいる娘を目の前にしたとき、「不登校でも、ほとんどは学校へ行くようになる。**もし学校へ行くようにならなくても、必ず幸せな道へ進む**」という「確信」が、私の心の中にありました。

後になって娘に聞いた話では、私が「辛い思いをするところへ行かなくていい」と伝えたとき、彼女はとても安心したそうです。

不登校がもたらした幸せな時間

辛い場所には行かないと決めたので、娘は毎日、私と一緒の時間を過ごしました。家でも一緒。仕事にも一緒に連れて行き、いろいろな世界を共有するようになりました。

それまでは、否定的な言葉をまったく言ったことのなかった娘が、ずっと我慢していた気持ちを私にぶつけてくるようになり、否定的な言葉も発するようになりました。すべてのことをマイナスにとらえ、どうしてそんな考えになるのか、と思うほど極端に否定的な言葉ばかり言うのです。

「お兄ちゃんがこんなことを言ってくる。やっぱり私なんていないほうがいいと思われているんやわ」

「みんな私がいなくなればいいと思っている」

「私なんて生きる価値がないねん」

こんな「訳のわからないこと」を毎日のように言っていましたが、娘の言葉を一つひとつ丁寧に聞き、一切ジャッジせずに彼女の気持ちに徹底して寄り添ったうえで、彼女の言葉をすべて全力で否定しました。娘はいなければならない大切な存在であることを、あらゆる言葉を使って伝えました。

私は、英語のレッスンや幼児教室のレッスンなどもしていますが、レッスンの直前に娘が泣き出し、代わりの先生もいなくて困ったことが何度かありました。いくら彼女の側に立とうと思っても、生徒さんをほったらかしにして、娘を優先することはできません。しかし彼女は、「今、この瞬間」に気持ちを聞いてほしい、受け止めてほしいのです。

そのとき苦肉の策で考えついたのが、「モヤモヤノート」。私がレッスンをしている間に、心の中にある気持ちを、そのノートに文字や絵で書いてもらいます。これはかなり功を奏し、私が彼女に寄り添えない状況のときには、とても役立つツールとなりました。

とはいっても、娘が不登校だった期間は、こんな暗いことの連続だったわけではありません。「学校へ行かない」ので平日の昼間はたっぷり時間があります。それで、たとえばガラガラのＵＳＪへ行って朝から夜遅くまで遊んだり、初のディズニーリゾートでかけがえのない楽しい時間を過ごしたりしました。

楽しい時間、辛い時間、どちらも共に過ごすことで、私たち親子の距離はものすごく近くなり、親子なのか、双子の姉妹なのか、はたまたソウルメイトなのか、というほど私たちは、何でも話せる、そして、とても大切にし合っていることを肌で感じられる関係になりました。

不登校という、まさしく「ピンチ」の状態だからこそ、娘は必死に私に心を開いてくれました。私の愛情を感じてくれました。そして、私も精一杯の愛を伝えることができました。

子どもの不登校とは、こういう「ギフト」を運んでくれるものでもあるのです。私

さあ、不登校がくれた
子どもとの時間を
愛いっぱいの時間としましょう。
子どもが小さかった頃のように、
毎日たくさんのことを
一緒に楽しみましょう。

は、「不登校になってしまった。どうしよう?」とは考えずに、**「不登校になったら、たくさん時間ができる。その時間でどんな楽しいことをしよう?」**と考えることにしました。

とはいっても、ただ一緒に過ごす時間だけが「幸せな時間」だということではありません。子どもの心の中にある暗闇を一緒に通り、一緒に悩む時間。それは、子どもが確実に上へと向かうプロセスなのですから、それも「幸せな時間」だと言えます。

不登校を「大変なこと」にするのか「幸せな時間」にするのかは、私たち親が選択できるのです。

不登校が「宝物」である理由

娘は、私の仕事にいつも付いて来ていましたが、最初の頃は躊躇していました。「小学生やのに、何してるんかなあって思われる」と、私に言っていました。

「『不登校なんです』って堂々としておきなさい。**不登校は悪いことでもなんでもないよ。**あなたが悪くて不登校になったわけでもないしね。堂々としておくのよ」

私のこの言葉が腑に落ちたらしく、娘は堂々としていました。

私の職場である教室には、朝からたくさんの親子が来ます。「超」がつくほど子ども好きな娘は、教室の子どものお世話をすることがとても楽しいようで、子どもたちにもとても人気がありました。娘がそうして子どもたちと遊ぶことで、子育て中のお母さんたちはホッとしてくれました。

ピアノが得意な娘は、私が担当するリトミックのクラスの「音楽鑑賞」のコーナーで、クラシックの曲を弾いてくれたこともあります。平日の朝に、小学4年生の子どもがリトミッククラスで先生のお手伝いをする。こんなへんてこな風景はなかなか見られないと思いますが、私たちの教室では、私たちだけでなく、子どもたちの保護者の方も「普通のこと」と受け止めてくださっていました。

私の仕事場だけでなく、あらゆるところに娘を連れて行きました。会う人にはいつも、

「今、ちょっと学校をお休みしているので」

と娘の前で説明をするようにしていました。

不思議なことに誰も

「どうしてお休みなの？」

と聞いてきません。きっと、場の空気を読んでいただいているのでしょうが、私の中に「バレてはいけないことをしている」といった罪悪感のようなものがまったくなかったからでしょう。**私が堂々としていることで、娘も堂々とできます。**そうすると、周りの方もそのように私たちを扱ってくださるのです。

学校へ行けない子どもたちのほとんどが「学校へ行かなくてはいけない」「学校へ行かないことはいけないことだ」というような気持ちを持っています。ですから、私たち大人は、その気持ちを根底から覆すように接したほうがいいのです。

とくに娘の場合は、「学校へ行かない私は価値がない」という重い気持ちで自分を責めていました。これを根底から覆すには、年月と忍耐が必要です。**繰り返し、繰り返し、新しい価値観を示してあげること、子どもの暗い気持ちにこちらが影響を受けないこと**を徹底しなければいけません。

不登校であろうがなかろうが、子どもの存在価値を認めていくには、こうした親の姿勢がとても重要です。見方を変えれば、**子どもの不登校を通して、私たち親は自分と向き合うことを求められている**のです。

これも、不登校が「宝物」である理由です。

娘の心の逃げ場所

次男が「ドラえもん」で現実逃避したように、娘にもやはり現実逃避の時間が必要でした。「アナと雪の女王」は、映画館で合計4回観て、ＤＶＤは発売前から予約。発売日に手に入れ、娘はそれを毎日毎日、セリフを憶えてしまうくらいまで観ていました。

この映画のストーリーは、いくつもの困難を乗り越え、最後はすべてうまくいくという結末なので、それがきっと本人をラクな気持ちにさせたのだと思います。

私の仕事に同行せず家にいるときは、だいたいどこかのタイミングで電話がかかってきます。何度もかかってくるときは、よく「アナと雪の女王を観ておき。ママは急いで帰るからね」と言ったものです。

どんな形でもいいので、とにかく私がいない間、少しでも楽な気持ちで過ごしてほしい。それを叶えてくれるのは、とりあえずこのＤＶＤでしたが、その他のＤＶＤや動画、インターネットなども逃げ場のようでした。

漫画でもなんでも本を開くと、インクのにおいが気持ち悪く感じることも、こういう世界に逃げ込むことにつながっていたのでしょう。

私は手放しでＯＫと思っているわけではありませんが、娘は年齢の割にはパソコンがとても得意になってしまいました。そのこともあって、彼女のもうひとつの気晴らしは、「ブログ」です。「読む」のではなく「書く」ほうです。私が毎日、フェイスブックやブログを書いているのを見て、最初はフェイスブックをしたいと言い出しました。フェイスブックは年齢制限があるため、ブログしかできないと伝えると、自分でさっさと調べ、アメブロに登録してしまいました。

ジャンルはさまざまですが、書いたものをアップすると、日ごとに読者が増えました。もちろんSEO対策などを考えているわけではないのですが、彼女が発する文字が検索エンジンにかかりやすかったのかもしれません。そのうちにコメントが来るようになり、彼女はそれを楽しみにするようになりました。

インターネットというのは、どこか仮想的なところがあり、娘は、その世界に逃避していたのかもしれません。読者になってコメントを下さる方のほとんどが大人で、「親」の立場で対応してくださるので、何かトラブルになることもありませんでした。

娘のブログには、自分の実際の思いと、イメージや妄想の中の思いが混在していましたが、私は何も言わず、娘が発信したいままにさせていました。

アンジェラ・アキさんの『手紙』という曲があります。あの曲を聴くたびに、「この気持ちわかるわー」と、娘は言います。

その歌詞を見ていますと、辛い現実を前にして立ち尽くし、今にも泣き出しそうで、胸が張り裂けそうな孤独と不安を抱えた思春期の心の景色が浮かび上がってきます。胸が壊れてバラバラになるほど苦しい中で、それでも必死に今を生きようとしているところに共感するのでしょう。

次男のときとは違って、娘の場合は友達との人間関係というところが原因だっためだと思います。

次男のときにいつも思っていたのは、「友達のことが原因でなくて良かった」ということでした。きっかけは友達ではなく先生で、「ショック」からの症状は長年続きましたが、友達との関係で心の傷ができたわけではないことが唯一の救いだと思っていました。

娘の場合は友達関係の問題から心に傷を負ってしまったため、次男のときのように「心のエネルギーを充電する」だけでは足りない複雑さを感じました。その意味では、ブログという場で積極的に何かを発信することは、自分の心のたな卸しができて良かったのではないかと思います。

さらに、不登校で社会から隔離されたような状態にある娘にとって、インターネッ

トは唯一のコミュニケーションの場だったのでしょう。

後に、娘のブログは学校の友達や保護者にも知られ、娘が同級生の写真をアップしていたことが問題になって、継続できなくなりました。これがいい潮時だったのかもしれません。

ブログからわかる娘の心の中

私は、４年生です。

私は、今、友達関係で学校に行けませんが、とっても幸せです！

ご飯も食べられる、飲み物が飲める、周りを見るといろんな幸せがあります。

兄弟がいることも幸せです。

「学校に行けないから幸せじゃない」そんな人もいます。

私はその答えが、間違っていると思います。

自分が思っているよりも幸せじゃないかもしれない。けれど、両親がいる、それだけでも幸せなのです。

どんなに今苦しくても、どんなに悲しくても、自分が生きてるだけでも幸せなのです。

「死にたい」と、私も何度も思いました。けれど、「私は神様に選ばれた」と思えば元気が出てきます。

「だから私は幸せだ」と思うようにします。

そうすると、自分に自信が持てます。

今、悲しい人にお知らせです。私からのメッセージです。

あなたは、世界一すごい人です。世界中の人に愛されています。みんなあなたを必要としています。

なので、絶対にこれから「自分は死んでも誰も悲しまない」こんなことを絶対に思ってはいけません。

これは、娘が初めて書いたブログ。3年生の3月に、娘の体調不良の原因がわかり、4月から学校をお休みし始め、7月に初めて発信しました。

タイトルは「不登校。けれど幸せ」。4年生の女の子が、まるで達観しているかのような文章ですが、このブログの中の娘は、半分くらいが私たちがいつも接している娘。あと半分くらいは、私の知らない娘というような感じです。

4年生のときの娘は、極端に不安定な精神状態だったことも手伝い、あるときは普通の娘、あるときは小さい頃に戻ったような甘えん坊、またあるときは私の相談にでものってくれそうな大人のような娘と、三人が同居しているような状態でした。

このブログを書いているときも、きっとこの三人が娘の中に同居していたのでしょう。

心は不安定だけれど、向かう先には「当たり前の幸せ」があること、「守られている自分」がいることはわかっている。しかし、わかっているだけで体感しきれていないため、どうしようもなく不安になる。

こんな感じだったのだと思います。

向かう先がわかっていたのは、カトリック系の幼稚園と小学校だったため、「宗教心」が少しだけ備わっていたこと、そして、私もこのような話をいつもしていたことからの影響だったと思われます。

学校で言葉では教えられていても、体感とは別。わかっていながらも心がそこに付いていかない。そのことは、娘のこんなブログの言葉にも表われています。

今日も学校に行けてません……

昨日は、学校に昼休みだけですが、交換日記をもらいに行きました。

ちゃんとわかってくれる友達に、「のこって～」と言われましたが、私は、自信がなくて教室に入れませんでした。

お母さんは、「行ったら？」と声をかけてくれましたが、学校に行けてた頃は自分に自信があって、友達にそう言われたら、うれしくて教室に入れた気がします。

けれど、ニコニコもしていたし、行けたのに気の弱い自分が勝ってしまいました。そして、今日も負けるのかなぁ、と思ってしまい、行けない状態です……

いつかは、学校に行ける。ず～～～っとそう思っています。

悩んでいた頃は、何度も「死にたい」と思いましたが、今はこう思っています。

「そんなことを、口に出したり、思ったりすることは神様にとても失礼だ」

学校へちょっと顔を出したり、またずっと家にいたり。この頃は、そんなことを繰り返していました。学校へ行って友達に会ったり、交換日記をもらったり渡したりすることはとても楽しいようですが、不安定な心の回復にはまだまだ時間が必要でした。何度も何度も「死にたいと思った」ということを書いては、「そう思ってはいけませんよ」と、まるで自分に語りかけるように表現しています。

このブログの記事のタイトルは「弱い自分」です。

「学校へ行けない自分」を「弱い」と表現しています。これは、学校へ行けない自分を否定していることの表われでもあります。私にもよく、「私なんて生きている価値がない。みんな私のことなんて、いなくなればいいと思っている」「もう死にたい」と言っていました。

私は、そのたびに全力でそれを受け止め、全力で否定しましたが、友達との摩擦を誰にも打ち明けず、2年以上ニコニコとしているうちに、無意識に自分を否定する感情が膨らみ、彼女の頑固な固定観念となってしまったようでした。

不登校になりやすいタイプ

不登校になる子どもは「心が弱い子」「自己受容ができていない子」「親からの愛情不足な子」、これが世間でよく言われることです。そうかもしれませんが、そうでないこともあります。どちらにしても、お母さんは「私がこのように育ててしまった」と自分を責めがちです。

子どもを「心が弱い」と見てしまうと、子どものすべてがそのように見えてしまい、結果、子どもはどんどんそのようになっていきます。実際に子どもの心が弱っているように見えたとしても、大人であれ子どもであれ、**人の本質には必ず強いものがあります。弱く見えている子どもも、本当は強いのです。**

あるとき、娘と一緒にお寺に行きました。そこには、「ひとつだけお願いを叶えてくださる」という小さなお地蔵様が売られていました。そのお地蔵様に毎日お祈りをして、願いが叶ったらお寺にお返しします。

「学校へ行けますように」「お友達と楽しく過ごせますように」とお願いしようと思っていた私は、娘のお願いを聞いてびっくりしました。

それは「震災や戦争で、世界中の子どもたちが犠牲になることが起きませんように」というものでした。不登校になり一緒に過ごすことが多くなったことで娘の言動に触れる機会が増えましたが、私は娘のことをよくわかっていなかったのだと思わせられました。

娘は、コンビニに行くたびに小銭を募金し、道端での募金の呼びかけには必ず協力していました。自分のお財布を持つようになってから、ずっと続けていることらしいのです。

また、あるときはこんな面白いことを言いました。

「ママ、あそこに新しいコンビニができてる！」

新しいコンビニにどうしてそんなに反応しているのかと聞いてみると、

「だって、もともとここにコンビニがあるやん。それやのに、また近くに新しいコンビニができたら、もともとのコンビニのお客さんが少なくなって困りはるやん」

と言うのです。

確かにそうですが、４年生の子どもがそんな視点を持っていることに驚かされます。大人の私たちでさえ、「あそこにもコンビニができて便利！」くらいにしか思えず、「コンビニ」をやっている人の立場になるなんて視点は、なかなか持てないものです。

満月の夜、新月の夜は、お月様にお願い事をするときがありますが、娘の願い事はやはり、いつもどおり、震災や戦争が起こって自分以外の子どもたちが悲しい目に遭わないようにということばかりなのです。

一緒にプラットフォームを歩いていると、前から来る人が通りやすいようにいつも気を配っています。私と手をつないでいると、私のほうが娘に手を引っ張られ、通り道をあけさせられます。

エレベーターに乗るときは、ドアを閉める前に他に乗ってくる人がいないか念入りに見渡したり、降りる人がいたらドアを開けておいてあげたり。当たり前と言えばそうなのですが、大人でもしない人はたくさんいます。ましてや、9歳や10歳の子どもが、誰に教えられたわけでもないのに、こういうことができるというのはなぜなのでしょう。

あるとき新幹線に乗ると、その席に乗っていた人が、シートにごみを置いたまま、床にも落としたまま降車していました。娘はごみを拾い、まとめながら、こう言いました。「きれいにしておかないと、次に乗ってくる人が気持ち悪いからね」。

うちの娘だからというわけではありません。普段はわがままだったり、自分中心だったりする子どもにも、「人の気持ちをつねに考えている」ところ、もっと別の言葉で言うと「人の苦しみを自分事と感じられる」「人のことを考える」強い心があるのです。

ただ、娘の場合は、お友達との関係で、自分のことを横に置いておき、人の気持ちに沿うことばかりをしてきたため、心のバランスがおかしくなり、身体にまでその影響が出てしまったのでしょう。

端から見たら、娘は「心が弱い子」となるのかもしれません。専門家は「心が弱い子は不登校になりやすい」と分析するのでしょう。

しかし私は、娘の中には人の気持ちになって考える強い心がある、人に気遣いができるやさしい子だと思って接しています。そして、彼女のペースで強い人間へと成長してくれるに違いありません。そう思って接しています。

絵本の読み聞かせなどでホッとさせる

下がりきった娘の心のエネルギーを回復させるために、できるだけ「ホッとしてもらう時間」を持つようにしました。

次男が不登校になった4年生のとき、娘はまだ年少でした。毎晩寝る前の娘に絵本の読み聞かせをしていました。不登校真っ最中だった次男も私の横にいましたが、子どもたちと横になって過ごす時間は、子どもたちにとっては格別のホッとする時間だったのでしょう。

不登校はもしかすると
子どもにとって極限の状況かもしれません。
だからこそ見える子どものピュアな部分。
それが見られるチャンスが今あるのです。

このことを思い出して、娘が不登校になると同時に、絵本読みを再スタートしました。娘は昔と同じで、この時間が大好き。私もこの時間がとても楽しく、長男のときからずっと置いてあるたくさんの絵本の中から、毎晩読む絵本を選ぶのがほんとうに楽しみでした。

不登校中の子どもたちのほとんどが「心」の中に何かしらの悩みを抱えています。学校へ行くとか行かないということの前に、心に働きかけ、ホッとする時間を持たせてあげることが最優先であると、わが家の子どもたちの不登校を通じて実感しました。

そのために、絵本の読み聞かせも、とても有効であると思います。

こうお話しすると、「4年生にもなって絵本の読み聞かせ?」と感じるかもしれません。健康な心の状態でいる高学年の子どもに絵本の読み聞かせをしたところで、うっとうしがられるかもしれません。しかし、心が弱っている状態の子どもには、たとえ高学年になっていても、心の充電効果があると思います。

娘のブログにも絵本のことが登場します。

今日は、ある本を紹介したいと思います。

「いのちのまつり」と「つながってる」と「おじいちゃんのおじいちゃんのおじいちゃんのおじいちゃん」です。


私は、今日、お母さんの仕事について来ています。お母さんがミーティング中に、突然おなかが痛くなったので、お母さんを呼びました。

お母さんに背中をさすってもらいました。

おなかが痛いのは治りましたが、次は、しんどくなってしまいました。


寝ようとしましたが、ざわざわしていて寝れませんでした。

お母さんを呼びました。

お母さんは、「何したら元気になる」と言ったので、私は「絵本を読んだら元気になる」と言いました。

普通の4年生が読むような本ではなく、絵本を読んでもらったほうがワクワクドキドキするので、「絵本」と言いました。そして、そこらへんにあった本を読んでもらいました。

それが、「いのちのまつり」と「つながってる」と「おじいちゃんのおじちゃんのおじいちゃんのおじいちゃん」でした。

早速「いのちのまつり」を読んでもらいました。とても面白い本で、ご先祖様が誰かというのもわかりました。

次に、「つながってる」を読んでもらいました。とても感動する話で、生かされていることがわかりました。

最後は、「おじいちゃんのおじいちゃんのおじいちゃんのおじいちゃん」を読んでもらいました。ひいおじいちゃん、ひいひいおじいちゃん、ひいひいひいおじいちゃん、とつながりのお話ですが、文章の途中で「ひい」が出てきます。

そして、途中で「ひい」がいっぱいになります。隅々の「ひい」もちゃんとした「ひい」という字になっています。

そこに私は、びっくりしました。

今日、私がわかったことは絵本は癒されるということです。みなさんも、しんどいときは絵本を読んでもらってください。

絵本読みだけでなく、アロママッサージをしてあげたり、交換日記をつけたり、二人でふらりと出かけたり……。私は、子どもがホッとするようなことをたくさんしてあげました。自分でも、そういう時間を心から楽しみました。

与えても与えても……

そのようにして、できるかぎり娘の気持ちに寄り添って寄り添って心の充電を図るようにしましたが、だからといって娘の状況がすぐ良くなるわけではありませんでした。

これは、夏休み明けの彼女のブログです。

学校は始まりましたが、行けてない状態です……

私は最近、腹痛に襲われています。お母さんがいたら、背中をさすったり薬を飲ましたりしてくれるのですが、お母さんがいない間は不安に包まれます。たとえ、そのとき本当は腹痛でなくても、不安、寂しさのせいで腹痛になったりします。

iPadでYouTubeを見ていたりすると、動画という楽しさで、しんどいこと、腹痛のことを忘れて楽しさに包まれます。

自分のしたいことをしていたら楽しさに包まれるのですが、勉強や、自分自身がしたくないことをしたら思い出して、しんどくなってきます。

でも、お母さんがいると、そのしんどさや痛さがなくなるのです。

ということは、お母さんって不思議な力を持っているということですよね。なので私は、毎日楽しい事をしています。

おかげさまで元気で〜す！

学校を休みだしてから、ここにあるように、ほぼ毎日腹痛と頭痛がありました。私と一緒に過ごしていてもよく起こりますが、私がいないときはもっと頻繁に起きるようです。

明らかに心に原因があるのですが、無意識に起きるので本人もコントロールのしようがないのです。

ある日のブログの最後にこんなことが書いてありました。

みなさんからたくさんのコメント頂いて、ありがとうございます。
みなさんに私のコメントを返そうとしましたが、頭が痛くなります。
コメントを返せていませんが、みなさんのコメントが私の元気につながります。
これからもよろしくお願いします。
それからごめんなさい。

当時はよく更新していたことと、私が途中から自分のフェイスブックで紹介し始めたこともあり、コメントが毎日のように来ていました。

不安定な彼女は、「～しなければならない」という気持ちが強くなると、頭痛や疲労感が強くなるようでした。ですから、コメントをもらうとうれしくて、それに返信もしたいのですが、そのことがプレッシャーになってできなくなっていたようです。

それでも自分の発信に対して誰かがコメントをくれることが、不安定な彼女にとって唯一、自分の存在価値を感じられるときだったのかもしれません。

娘の心の学び

「ママ、○○は小さいときからずっとみんなにめっちゃやさしくしてきてん。でも、やさしくない人が人に好かれて、やさしくしている○○が人に嫌われるのは（嫌われてないのですが、こう思ってしまっているのです）なんで？　○○はどうしたらいいの？」

娘はこんなふうに言って泣いたことがあります。これは娘の感じ方であって、誰がうことです。

悪いとか悪くないとかではありません。事実はただひとつ。娘がこう感じているとい

「こんな思いをさせられてかわいそう」と、娘を被害者にする。

「人生にはそういうこともあるのだから、心を強くしなさい」と、娘の気持ちを無視する。

「人は自分の鏡だよ」と、頭でっかちな心理学を教える。

どれも、娘にとって助けとなるアプローチだとは思いませんでした。私は、娘が感じていることにコメントを入れず本気で聞き、少しでも心がラクになるために何ができるかを一生懸命考え、自分が子どものときの嫌な出来事を話そうと思いました。

「ママも中学のときに、授業中にママの悪口らしきことを書かれた手紙をまわされたことがあるよ。本当にそうだったかどうかわからないけど、ママはそう感じてショックやったな。今でも憶えているくらいやからね。

でもね、その後どうなったのかは思い出せないんだけど、その友達とはそれからも普通にしゃべっていたことを憶えているから、いろんなことがあっても大丈夫になっていくんやなとは思うねん」

私は、子どもの頃、大人があまりに完璧に見えて、自分がとてもちっぽけな存在だと思っていました。きっと娘も、私のことを強くて前向きだと思っているだろうと思い、そんな私が、同じように子ども同士の小さなことでショックを受けたことを話すことで、大人でもそんな経験をしていることを知ってもらおうと思いました。

娘は黙って私の話を聞いていました。

娘が4年生のときの担任は、とてもやさしい若い男性の先生でした。私が先生に、娘が話していた内容をお伝えすると、娘にこんなことを言ってくださったそうです。

「自分が100の気持ちでやさしくしても、人は10しかやさしくしてくれないこともあります。先生もある人に100やさしくして、30くらいしか返ってこなくて寂しくなったことがあります」

娘は、先生のそんな話をホッとした表情で私に話してくれました。

娘が心を患わせなければ、先生も私も、こんなことを話すチャンスがありません。大きく見えている大人も、いろいろな思いをしながら生きているのだと知ることは、きっとその後の彼女の人生に、なにかしらのいい影響を与えてくれるだろうと思います。

また、娘が、

「自分が情けないねん。先生たちもママたちも、みんな私のことを思ってくれて、いろいろしてくれているのに学校に行けない。そんな自分が情けない」

と言って泣くこともありました。

誰も「学校へ行きなさい」とは言っていませんし、このときの私は、娘が学校へ行けていないことへの焦りもまったくと言っていいほどありませんでした。しかし、周りからのプレッシャーがなくても、子どもは勝手にプレッシャーを感じながら、頑張って毎日を過ごしているのでしょう。

だからでしょう、

「ママ、私はママにたくさんお金を使わせているのに、学校へ行けていない」

と言って泣くこともありました。私立小学校に通っているため、公立小学校より高い授業料がかかっていることに罪悪感を感じている。そのことに、私のほうがびっくりしてしまいました。

〝勉強ができるからいい子〟
〝勉強するからいい子〟
〝お手伝いするからいい子〟
〝迷惑をかけないからいい子〟

というように、条件付でしか自分を認めてもらえないと思っている彼女の心の中が垣間見えるようでした。「学校へ行けてないからダメな子」。娘は、自分のことをこう評価していたのでしょう。

次男のときにさんざん学ばせてもらった私は、「幼稚園の頃は、『私が一番好き』とまで言っていた子が、どうしてこう考えるようになったのだろう?」ということに目を向けました。

しかし、原因を追究するよりも、娘が「自分を否定している」という事実を受け止め、元通り自分の存在が大好きな状態へ戻れるように、精一杯お手伝いをしてあげよう。ただそれだけを思って過ごしました。

娘は人の何年分もの学びを、小学生のこの時期に凝縮して学んだかのようでした。それが、ギュッとしてあげられるこの時期で良かった。大人になってから、結婚して子どもができてからでなくて良かった。私はいつもそう思っていました。

どれも娘の本音

はあはあなってる
なんで?
ぶっ倒れそう
○○より

家でお留守番をしているときは、仕事中の私に、よくこんなメールが来ました。学校に無理をして行っていた頃から過呼吸気味になっていたのですが、「はあはあ」というのは、「お友達と外で遊んでいると『はあはあ』となってしんどくなる」ことを表現しています。

この症状が、家で不安定なときに出るようなのです。

何の不安かなあ。お兄ちゃん、朝から嫌なことしてくる。
泣きたくて、死んじゃいたい。
今も、ひとりで部屋にとじ込もって、ずーっと泣いてる。
今すぐ会いたいけど、（ママに）
あわれへん。
めっちゃ苦しい……寂しいから、できるだけ早くお願いします。

なんかしんどい。
何で電話でないの？
号泣してるのに。

人生が、嫌になってくる。誰も○○の味方してくれへん。○○なんて必要ないねん。死にたいくらい。

不安定きわまりないこんなメールがほんとうによく来ていました。お兄ちゃんたちは娘のことを、「どこまでが本当で、どこまでが演技なのかわからない」と言っていました。

私は、すべてが娘の本音だと思って接していました。仮に、甘えの気持ちから娘が演技をしていたとしても、**演技をしてでも訴えなければいけないほど、しんどいのだろうと思っていました。**

不登校の子どもの行動を見ていると、

〝ただサボっているだけ〟

〝ただ甘えているだけ〟

と感じてしまう場面がたくさんあるかもしれません。実際にそうであっても、そうしなければやり過ごせないほど辛いのだと理解してあげると、子どもはホッとします。

元気でいるときに、しんどいふりをしたり、さぼったりはしません。そのことを理解して、娘に接するようにしていました。

「勉強がわからない自分は価値がない」という思い込み

ある日のことです。学校へ行っていないままだと勉強がわからなくなると思い、市販の算数の問題集を一緒に解いていました。教えている途中で娘が席を立ち、お手洗いに入りました。

「アイツ、あんなふうにトイレに入るときは、必ず中で泣いてるねんで」

当時中1だった三男が私に教えてくれました。えっ？　泣いている？　泣く理由がまったくわかっていませんでした。三男の言うとおり、娘はお手洗いの中で泣いていました。娘に理由を聞くと、勉強がわからない自分が情けなくて泣いているとのこと。

「わからなくても大丈夫。学校へ行っていないからわからないだけよ。やればわかるようになるから、大丈夫」

こんなことを何度言っても、娘の気持ちは晴れません。自分を全否定しているよう

真実かどうかは、
じつはさほど重要ではないこともあります。
ウソであるなら、ウソをつかなければ
いけなかったほどの辛い気持ちが、
絶対的真実なのです。

な心境のなか、「大丈夫」なんて言葉は気休めにもならないのです。

自分のことを否定し始めたのは不登校が始まってからです。友達に大切にされていないと感じることが増え（大切にされていなかったのではありませんが、彼女の心の中にそういう思いがあったということです）、友達に大切にされない自分は価値がないのだという思考に陥っていったのです。

しかし、自分への否定は、このときに一気に起こったわけではなく、それまでの小さな種がこの機会に芽を出したという感じです。

私の経営する「知育教室」の小学生クラスでは、計算100問を時間を計って行なうという取り組みがあります。クラスのみんなは、うちのレッスン以外にも、公文教室に通っていたり、そろばん教室や塾に通っていたりという子が多く、計算はどんな大人も絶対に勝てないようなスピードでこなします。

しかし、わが家の子どもたちは、他の知育関連の教室には通っていなかったので、計算はみんなと同じようなスピードではこなせませんでした。

教室で行なう計算プリントなどは、決して「できる、できない」「速い、速くない」を競うものではなく、「速く解こう」とすることで脳を刺激する「脳トレ」のためのものです。ところが、いくら教える先生が「できてもできなくてもＯＫ」という意図で接していても、子どもによっては「思うようにできない自分」はダメな存在だと自己否定してしまうことがあります。

娘は本来そういうタイプではなかったのですが、不安定な精神状態のなかで、そういう部分が出てきてしまっていたようでした。１年生の終わり頃から少しずつ少しずつ始まった「私ってやさしくされていない？」という感覚。それがだんだん膨らんでくるなかで、うまく計算できないことが「私って、やはりダメなんだ」というマイナス感情につながっていったのだと思います。

体調が悪くなっていた3年生の終わり頃から、教室のレッスンで行なうプリントの中で「計算」となると、それまでの楽しそうな顔が曇ってしまうことは私も気づいていました。

「自己否定」という心の癖がついてしまうと、何をやっても自分を否定的にとらえるようになってしまいます。それは、やっていること自体に原因があるわけではなく、心の中にこそ本当の原因があるのです。

娘の場合は、「友達に大切にされていない自分には価値がない」という視点からすべて見るので、計算に関しても「計算が遅い自分は価値がない」となり、「勉強がわからない自分は価値がない」と思い込んでしまったのでしょう。

次男と同じ私立小学校へ通っていた娘は、やはり次男と同じように受験をして、どこかの私立中学に行くことが当たり前になっていました。私も、学校を休み続けると勉強がどんどんわからなくなり、受験が難しくなると考えることはありました。

しかし、だからといって、無理やり学校に連れて行ったり、どこかの塾に行かせたりすることはしませんでした。まずは毎日元気に過ごせるようになったあと、勉強のこと、受験のことを考えればいい。それくらいの気持ちでいました。娘のときは、次男の不登校を通して、ずいぶんと成長させてもらっていたからだと思います。

「仕方のないことでクヨクヨ悩まない」、「『勉強ができる』『希望の学校へ進学できる』

ことが、子どもの人生を左右すると考えることは止めよう」と、何度も何度も自分の中で確認し直しました。

「本当は学校に行きたい」という娘の本音

娘に「学校へ行かなくてもいい」と伝えてから、娘の心の中は変化しました。まずは、休めることにホッとしたというのが最初のステージです。ホッとすると同時に、今まで自分も気づかなかった、封印されていた心の中のしんどさが表に出てきて、ずいぶんと苦しい思いもしていました。

「学校へは行きたくない」というのが本音でしたが、同時に「行かなければいけない」「行っていないのは悪いことだ」という罪悪感もありました。

次のステージは、その罪悪感からずいぶんと解放され、「学校を辞めたい」という気持ちが娘の心を占領しました。ですから、この頃は、通っていた私立小学校を辞めて公立小学校に籍を置き、そのまま家にいたいとよく言っていました。

私立小学校に在籍したままで「行かない」選択をすることはできたのですが、親に「授業料を払わせている」という罪悪感と、在籍しているかぎり「行かなければいけない」というプレッシャーがあるため、そこから逃れたかったようです。

学校から遠ざかり、学校へ戻ることの現実味が薄れてきた状態で、それでも学校へ行くことは、娘にはあまりに大きな負担でした。

私は、公立小学校に切り替えてしまうと、娘が学校へ行くという選択はますます無くなると感じていました。

子どもたちが小さい頃、私は、全員がふつうに幼稚園から大学まで通い、なんらかの職業に就くのだと思い込んでいました。ところが、次男に続き娘も学校に行かないという現実のなかで、自分の子どもたちは特別な道を進んでもいいのでは、と考えるようになっていました。

〝なんとか海外へ行く〟
〝家で勉強をして、様子を見る〟

〝何か好きなことを探求する〟

そのように考えることに、不思議なくらい抵抗感がなくなっていました。

私は学校へ出向き、娘が学校を辞めたいと言っているので、その手続きをしたいと申し出ました。そして、もし娘がまたその学校に戻って来たいと言ったときに、それを受け入れてくださるかも確認したのです。

学校側の答えは「ＹＥＳ」でしたが、担当の先生は、

「公立へ転校して籍だけ置くと、登校するようにと毎日先生が家に訪ねてきたり、電話をかけてこられたりしますよ。そうなると、お母さんにも〇〇ちゃんにもプレッシャーになるのではないかと心配します」

と教えてくださいました。これを娘に話すと、転校を思いとどまり、元の状況に収まりました。私立小学校に籍を置いて、学校へ行かないという元の状態です。

そして、次のステージ、第三ステージがやってきました。ある日の夜、娘が私にこう言います。

「ママ、私は本当は学校へ行きたい」

それまでも、もしかすると「行きたい」という気持ちが彼女の心の中にあったのかもしれませんが、その気持ちよりも「しんどい」「行くのが怖い」という気持ちがあまりに強くて、「行きたい」気持ちが見えなかったのでしょう。

しかし、彼女の本音は「行きたい」だったのです。子どものコロコロ変わる気持ちに振り回されて、子どもを幸せから遠ざけるようなことをしてはいけませんが、子どもの「本音」を的確につかんであげなければ、子どもの「本音」と子どもの「幸せ」との接点を見つけてあげることはできません。

私は、彼女の「行きたい」気持ちを応援し、学校で毎日笑顔で過ごせるように、私のできることをしようと思いました。プレッシャーを与えないようにしながらも、娘が学校に行くには何がネックなのかを探っていきました。

学校への復帰を妨げる二つの問題

その結果、わかった問題は二つ。

・ずっと休んでいるのに突然学校へ戻ったときの友達の反応が怖い
・勉強に付いていけないのではと不安

ひとつめの問題をクリアすべく、さっそく担任の先生に連絡をとって会いに行きました。先生や学校の方針とずれない範囲で、クラスメートの子どもたちに「〇〇ちゃん、待ってるよ」というメッセージを書いてもらえないか、お願いをしてみたのです。やさしくて本気で娘に向き合ってくださる担任の先生は、「やってみましょう」と即答してくださいました。さっそく次の日に、クラスの中で娘のことを話し合ってくださいました。

「しばらく学校に来ていない〇〇さんが来たら、みんなはどうするのがいいと思いますか」という先生の投げかけに、いろいろな答えが返ってきたそうです。「やさしくする」「一緒に遊ぶ」という思いやりいっぱいの回答の中に、ひとつだけこういうものがあったそうです。

「いつも通りにする」

これは、幼稚園からずっと一緒だった男の子の意見でした。この子は、素直でとてもやさしい子。娘とも親しく話す仲でした。彼の意見にクラス全員が賛成。自分が娘の立場だったらそうしてほしい、とみんなが思ったということでした。

先生は、その後、クラスのみんなに配った「メッセージカード」のような紙を持って、娘がいた私の職場に来てくださいました。その紙には、みんなから娘へのメッセージが書いてありました。そのどれもが、明らかに娘を受け入れようとしている気持ちがはっきりと伝わってくるものでした。その紙を見て、娘はホッとした様子でした。

もうひとつのネックは「勉強」ですが、これもそのときに偶然、解決してしまったのです。先生が来られたとき、娘は私の仕事場の空いている教室で、私が買い与えた算数の問題集に取り組んでいました。

その問題は、ちょうど学校でやっているところと同じだったらしく、そのことを先生から聞いた娘の表情がとても明るくなったのです。

勉強に関しては、復帰後またまた問題となるのですが、とりあえずこのときに、娘の不安は一気に解消したようでした。その証拠に、娘は次の日から驚くほどあっさりと学校へ行き始めました。ものすごく突然に。

いきなり6時間目まで学校で過ごし、体育ではやったことのない二重跳びを普通にこなし、友達とワイワイしゃべりながら下校して行ったと先生から報告がありました。

その後も、まるで何もなかったかのように毎日楽しく学校へ行き続けました。さらにびっくりしたことに、いろいろとあったお友達と元通りに仲良くなり、朝も駅で待ち合わせて、不登校前の頃のように一緒に登校し始めたのです。

学校復帰後の紆余曲折

あっけないほど突然に、普通に学校へ行くようになりましたが、その後は順調だったかというと、そんなことはありません。いろいろとあった友達とのこと、「友人関係」全般における不安定な精神状態、相変わらず続く自己否定感、遅れている勉強のこと、これらのことが登校を再開した後も順繰りにやってきました。

友達関係については、何かあるたびに「三人」とか「五人」という奇数のグループに異様なくらい恐怖感を抱きます。奇数になるということは、2で割り切れないということ。女子はグループの中でも二人ずつになることが多いらしく、奇数だと自分がひとりになるのではと極度に不安がっていました。

普段のクラスの中、遠足で一緒に行動するグループ作り、宿泊行事のときの部屋割り……。彼女が気になる状況が次々と起こってくるのです。その度に、学校へ行きたくないとなったり、泣いて電話がかかってきたり。

いろいろとあった友人のグループの中でもアップダウンがあり、あれだけのことがあったのに学べていないと感じてしまうことがたくさんありました。それでも、ひとつひとつの場面を丁寧に扱い、ときには娘に振り回されていることも自覚しつつ、ただただ娘が元の明るいマイペースな子どもに戻れることを祈るような気持ちで寄り添い続けました。

娘は私の最後の子どもで、私はある程度年齢を重ねた母親でしたし、次男との一件でいろいろなことを体験し、知識を広げることもできました。そのお陰で、誰かを加害者にしたり被害者にしたりすることなく、娘の話を聞くことができました。また、娘を過剰に心配しすぎることなく、同時に、彼女の立場に立ってその都度対応することもできました。

ときには、ちょっとしたことで学校に行かない日が続いたこともありましたが、それより大変だったのは「勉強」です。まだ学校へ行けていた3年生の頃から、身体がしんどいのと、よく保健室にいたこともあり、だんだんと勉強が「得意」ではなくなっていました。

とくに算数は、3年生からが一気に本格的になり、学校へ行かなくなった4年生からは小数や分数へと進んでいきます。また、周りの子どもたちは、ほとんど全員が中学受験の塾で先取り学習をしていたため、娘は自分のできなさを大きく認識してしまったのでしょう。

どんな子どもでも、ちゃんと聞けばわかる問題さえ「わからない」というメガネをかけて解くと、やはり「わからないもの」になってしまいます。それが娘にも起きていたのです。

小さいときから物事の理解が良いタイプだったので、少しずつ追い付いて行くだろうと思い、あまり勉強のことは心配していなかったのです。メンタル面のことが、ここまで勉強に影響を及ぼすとは思ってもいませんでした。

学校へ行けるようにはなったものの、「算数がわからない」ということが彼女の大きな悩みとなり、自己否定感を募らせる原因にもなりました。何とかしようと思い、5年生の後半頃に近所の塾に行くことにしましたが、1カ月ほどで辞めることになりました。

勉強の遅れを取り戻したくて自ら塾に行きたいと言い通い始めたのですが、ものすごく無理をして通っている様子だった娘に塾の様子を聞いてみたところ、

「こんな問題、1年生でも解けるで」

と、先生が言うのだそうです。入塾する前に、娘の事情を話し、ゆっくり見てやってほしいと頼んでいたのにもかかわらず、です。

これを聞いてすぐに、その塾を辞めさせました。学校であれば、そういう心無い先生がいても通うしかないでしょうが、**娘の心を傷つけるような塾や習い事に、わざわ**

ざ通わせることはありません。

このあたりの線引きは、はっきりしておかなければ子どもを守ることができない。私はそう思っています。

娘は学校に行くようになってからも、いろいろなことが理由で学校を休んだり、遅刻して行ったりで、なかなか元通りというわけにはいきませんでした。1日休ませてから、また元気に登校してくれるだろうと思っていたら、3日も4日も休み続けることも。

6年生の初め頃、不登校のきっかけとなったグループの友達と、またちょっとしたことがあり、数カ月間、学校へ行けなくなりました。なんとか二学期の途中から行くようになりましたが、不安定な心はそう簡単に回復するものではありません。

焦らず、不安にならず、寄り添いながらも「かわいそう」だと思いすぎず、まだまだ私の修行は続くと気楽に考えながら過ごしました。

家族が負った心の傷

子どもが複数いる場合、その中のひとりに手がかかると、その影響が他の子どもにも及びます。私の知り合いに、自分の下に年子の双子の弟がいる女性がいます。彼女のお母さんは、その双子が生まれてからは、その子たちにかかりっきりだったそうです。そのことで、自分はお母さんから愛されていないのではないかと、ずっと感じていたというのです。

似たようなことは、子どもの一人が障がいを抱えているとか、病弱であるとか、そういう場合にも起こります。

わが家でもそのようなことが起きていました。次男のパニック障がいが発症したとき、長男は6年生で中学受験生。三男は小学1年生、娘は年少でした。私は、いろいろなことを犠牲にしても次男のことに時間を充てました。私の心理状態は、はじめて直面した子どもの変化に戸惑い、とても不安定でした。

三男は、「優等生」を絵に描いたような子で、小学1年生のときのはじめての懇談でこう言われました。

「本当に気持ちのいい生徒です。朝も大きな声で挨拶をし、休み時間に外に出るときは、わざわざ僕のところへ来て『先生、今から外遊びをしてきます！』と大きな声で言ってから出かけるんです」

四人の子どもたちの中で、この子だけが小さい頃からこんなふうでした。幼稚園から小学校へ進学したときは、大きなランドセルを背負って一人で学校へ行き帰りする姿がなんとも愛おしく、涙が出るような想いで見送ったり出迎えたりしたものです。

ところが、同じ年の4月に次男が心の病気を発症し、外出そのものができなくなったことで、私のエネルギーはほとんどそこにとられていました。「しっかりした性格」をいいことに、三男にはあまり気持ちを向けてはいなかったように思います。

三男が5年生のとき、次男は中2で、その夏には症状がほぼなくなっていて、学校を休むこともなくなっていました。この頃に、あのしっかり者の三男の様子がおかしくなりました。

学校の算数の宿題プリントを提出せずに自分の机の引き出しに入れ、先生に叱られ続けていました。

「ママ、先生に提出しなさいって言われてるんやけど、算数のプリントをなくして見つからないままで、そのことを言えないからずっと怒られてるねん」

ある日、三男は私のところへ来てこう言って泣きました。何が本当なのか未だによくわかりませんが、私は何も追及せず、三男を抱きしめ、その日から一緒に寝るようにしました。

皆勤だった三男は、次の日から一週間、学校を休みました。その一週間は私にベタベタしていました。私も彼に想いを向け、いろいろな話をしました。

「〇〇、お兄ちゃんがずっとおかしかったとき、さみしかったんと違う?」

私がこう聞くと、

「当たり前やろ。オレは1年生やったんやで」

現在中3の三男は、きっとこの会話を憶えていないでしょうが、このとき、彼の本音が聞けてよかったとホッとしたと同時に、取り返せない時間の重さを感じたもので

す。

　また、娘がこんなことを言ったこともあります。

「ママ、私が年少のとき、ママの右側にお兄ちゃん（次男）が寝てて、ママはずっとお兄ちゃんの方を見ててん。私が『ママ、ママ』って呼んでも、ママはぜんぜん気づかなくて、私はふとんかぶって泣いててんよ」

　私の左横に寝ていた小さな娘は、私が毎日次男の方を見ながら寝ていたのを、どんな想いで見ていたのでしょう。小さな彼女のその想いを想像したとき、私の中から深い悲しみが湧いてきました。


　あの頃は、次男のことが心配で心配でたまりませんでした。そして、毎日暗闇の中を生きていた次男が愛おしくてたまりませんでした。

　娘の言うとおり、次男が寝ている右側の方ばかりを見て寝ていたせいでしょう。それから9年経った今でも、仰向けに寝たり、左の方を向いて寝たりすることができなくなっています。

私の身体がそうなるのと同じほど、娘は寂しかったのです。私は娘を抱きしめて、心から謝りました。謝っても謝っても、これで十分ということはないでしょうが。

長男は、あの頃6年生。中学受験に向かっての最後の年です。長男の志望校は、彼のそのときの成績ではまだまだ頑張らないといけないレベルでした。今でこそ、子どもの受験に対して、私の中にぶれない考え、世間に振り回されない考えがありますが、その頃は、私の未熟さゆえ、子どもの中学受験に対して親がどういうポジションをとればいいのか、とても未熟な考えしか持っていませんでした。

「うるさく言って勉強に向かわせる」
「勉強していれば放置しておく」
お母さんにこんな関わり方をされていた長男。それでなくても、大手塾の宿題と毎週のテストでプレッシャーに押しつぶされそうななか、ずいぶんとしんどい思いをしていたはずです。

11歳の子どもにとっては、これ以上の過酷なことはないと言えるくらいの状況で、お

母さんは心の病気を患っている弟に付きっきり。下に二人弟と妹がいて、お母さんが自分と向き合うときは、受験勉強に関するときだけ。

長男が最後の最後まで第一志望校を譲らなかったのは、もしかすると、次男の方ばかり見ている私の気を引くために、彼が無意識に掲げた高い目標だったのかもしれません。


長男の受験は、想像を超えた悲惨な結果でした。学校の先生も塾の先生も、かける言葉がないくらい、まさかということの連続。これは何を意味していたのでしょうか。次男のことで大変だったあの頃。しかし、手はかけられなくても、もっと長男を大切に扱うことはできたはずです。

家の中でひとり大変な子が出ると、こういうことが起きる。私の責任？　私の責任に間違いありません。そう思った私は、自分を責めました。時計を巻き戻してもう一度やりなおしたいと、何度も思いました。

後悔することを恐れないで。
後悔するほどの残念なことも、
人生というパズルの大切なピースなのです。
時がくれば、それは後悔すべきこと
ではなかったことが必ずわかります。

3 章

不登校は神様からのギフト

なかなか消えない子どもへの依存心

次男と近い関係が続いたのは、彼が小学4年生から中学2年の夏くらいまででした。普通の中学生ならば、

「親よりも友達との時間のほうが楽しい」

「親と出かけるのはめんどうくさい」

「親にあまり触れられたくない」

というのが、当たり前のことです。次男が中学2年の頃から、このような普通の中学生になったとき、私は本気で寂しいと感じました。

次男との時間があまりに密で、その期間も長かったためなのか、成長したがゆえの彼の心の変化を受け入れがたかったのか。私の心の中に不思議な感情があることを発見したのです。

ついこの間まで私を頻繁に呼び、椅子に座らせ、ひざの上に乗ってきていたのに、どうして「ママ」と呼んでくれなくなったんだろう。何をするのにも私がいないとできなかったのに。

こんな感情があふれてくるたびに、「これは病気が治った証拠。喜ばしいこと」と頭では思うのですが、心が付いていかず、ときには涙が出るのです。

毎朝二人でキャッチボールをしたあと、小さな公園で休憩したよね。その公園の近くで私たちが自動販売機で飲み物を買おうとしていると、公園の前の工事現場のガードマンのおじさんが「この大きなカルピスソーダが一番お得。この大きさやのに他の飲み物と同じ値段やろ？」と、とてもフレンドリーに言ってくださった。それからは毎朝、キャッチボールの後にその大きなカルピスソーダを買ってベンチに座って飲んだね。

毎晩一緒に寝たね。どこに行くのも一緒だったね。お兄ちゃんの受験のときは、ずっと学校を休んで、毎朝受験校まで一緒に付いて行ったの憶えてる？

お昼ごはんはいつも二人で食べてたね。あと片付けのお皿洗い、毎回手伝ってくれてうれしかったよ。

このような気持ちがどんどんあふれ出してくるのです。あの頃の日々が、なつかしくさえ思えてきます。「もしかすると、私は、次男がもう一度あの頃のようになればいいと思っている？」という思いがよぎり、自分で自分が少しこわくなったこともあります。

あの頃がなつかしいなんて……。苦しいだけの日々だと思っていたのに。私は完全に**「お世話をする」「必要とされる」ことに依存していたのだと気づきました。**

「早く元通りの元気な姿に戻りますように」と願いながらも、心の奥のほうでは、「このままお世話をし続けたい」くらいに思っていたのかもしれません。

娘のときにも、同じような自分に気づきました。娘とは、仕事も勉強も遊びも、ほとんど行動を共にしていました。出張のときも二人分の経費をかけていましたし、車の助手席にはいつも娘がいました。

娘は、ディズニーリゾートやＵＳＪといったテーマパークが大好き。車で神戸から私の家へ帰ってくる途中、ＵＳＪのあたりを通るのですが、娘はそのポイントになるといつも興奮して、窓から外を見てこう言うのです。

「ＵＳＪや！　あれがハリドドリ！　ああ、このままＵＳＪ行きたいなあ」

ある日のこと。まだ娘が学校へ行きはじめていないときのことです。何かの用事で、私ひとりで神戸方面へ車で出かけました。帰宅途中には、やはりそのＵＳＪのポイントを通過します。そのポイントに来たとき、とても寂しい気持ちになり、涙が出てきました。

私のスマートフォンをナビ代わりにしていた頃で、娘が私のスマホを置く時に滑らないように、車内のほこりをはらうための小さなモップ状の物の上にいつも置いてくれていました。私はその小さなモップを見て、もっと涙が出てきたのです。

その日は、娘は普通に家にいます。家に帰れば、まだまだ「ママ〜」と寄ってきてくれることもわかっています。わかっているのに、「そのときに、そこにいないこと」がとても寂しいのです。これも、少し異常ともいえる私の依存心。

私は、子どもたちの心に真剣に寄り添い、親身になって耳を傾ける母でいようとしてきましたが、その裏には、こんな私の未熟さもあったのです。

「子どもたちのため」と思いながら、じつは「自分のために」子どもの世話をしたり、寄り添ったりしている。もちろん、それでも子どもにとってはプラスになるでしょうが、本当のところは、もっと自立した母という立場で寄り添えているつもりになっていることに気づきました。

問題は外側ではなく母親の内側に

子どもたちの問題に向き合えば向き合うほど、母親である私たちは、自分と向き合うことを強いられます。向き合えば向き合うほど、自分のことがよくわかり、**自分の外側にあった問題は、自分の内側のことであることに気づかされます。**

子どもが私なしでは生きていけなくなったこと。これは、**心の奥の方で私が望んでいたことだったのかもしれないと、**自分の依存心を見て悟りました。

次男の場合は英語の授業中のお手洗いのこと、長女の場合は友達関係のことと、原因は一見外側にあるように見えます。しかし、視点を変えてみると、**私の内側にあった依存心が先で、それが子どもたちのさまざまな問題を引き起こしたのではないか。**私は、そのように考えはじめました。

私の内側の「依存」というピースがなければ、子育てのパズルは別の作品として仕上がっていたのかもしれません。

すべてのことは自分の心が創り出している。最近よく耳にする言葉ですが、子どもの不登校を通して、そのことに気づかされているのかもしれない。そして、苦しいこと、うれしいこと、いろいろなことを親子で共有することで、お互いの本質を高め合っているのかもしれない。これは、理屈ではなく、体感でわかってきたことです。

うちの子どもたちはそうだったのですが、私の教室に通う子どもたちのなかにも生まれてくる前の記憶を持っている子どもがいます。胎内の記憶だけでなく胎内以前の記憶まで、子どもたちから聞きました。

「神様が、『あのお母さんがいいよ』と言うから、どんな人か聞いたら、『やさしい人』と言ってた。ママが三番目のお兄ちゃんを産んでいたときに、ママの子どもになるって決めた」

これは、娘が話してくれた「記憶」ですが、同じような話を、うちの男の子たちも、教室に通ってくれている子どもたちも語ります。たとえばうちの長男は、私を選ぶことで、過酷な中学受験を体験することも選んだのかもしれません。それを親子で体験することで「たましいの成長」を目指す道を選んだのかもしれません。

もしそうだとしたら、私は自分の未熟さに気づき成長するために、長男は母である私の未熟さゆえに強いられた環境の中で成長するために、私たちは親子として出会い、過ごしている。こう考えることができないでしょうか。

「自分の心の中に何があるか」で決まる

不登校にせよ何にせよ、すべては自分の内側に起因すると考えると、問題の見え方が変わり、問題解決の方法もクリアになってきます。

娘の場合は「自己評価が低い」ということで、こんな悪循環が彼女の中で起こっていました。

『自分は価値の低い人間である➡お兄ちゃんたちの冗談は、すべて自分を大切に扱っ

私たちは生まれてくる前の青写真の中で、
人生におけるシナリオと役割を考えてくるようです。
ひどいことをする、されるということも
決めてきたシナリオ。
そんなことを通して、
お互いのたましいを磨く約束。

てくれていないからだと解釈↓お兄ちゃんたちに心を閉ざす↓お兄ちゃんたちは、妹を扱いにくい存在として扱う↓そのことでまたお兄ちゃんたちに大事にされていないと思う↓やはり自分は価値の低い人間である』

このような悪循環は、兄弟の中でだけでなく、友達関係でも、私とのコミュニケーションの中でも常に起きるようになっていました。このような状況からなかなか抜け出せない娘に、私はよくこんなことを言いました。

「太っていることをまったく気にしていない女性に『太っているね』と言っても、『そうなのよ。最近太り気味でさあ』で終わる。でも、大して太っていないけれど自分が太っていると思い込み、それをものすごく気にしている女性に『最近ちょっとふっくらしたかんじ?』と言うと、『あの人はひどいことを言う』となったりするでしょ。起きることは同じでも、捉え方でその先が変わるのよ」

「捉え方」は、「内側の世界」によって変わります。大問題になるもならないも、傷つくもつかないも、**「誰かが何かを言った」「誰かが何かをした」**かが原因なのではなく、**「自分の心の中に何があるか」で決まります。**

だからと言って、すべては「私のせい」であると考えていけません。**「私はこれ、あなたはこれ。どちらもクリアしようね」と考えて一緒に乗り越えていくのです。**そのために、親子でタッグを組んでさまざまな体験をする。それが、親子になったことの醍醐味のひとつなのかもしれません。

誰の人生においても、良いことも良くないことも起きます。ほとんどの場合、それらは「都合の良いこと」「都合の悪いこと」であって、良いこと、悪いことそのものではありません。

ですから、**都合の良いこと、悪いことは、捉え方しだいで、すべてが私たちの人生に良いことをもたらします。**命より大切な子どもにふりかかる都合の悪いことは、親にとっては自分に降りかかる都合の悪いことよりも辛いものです。しかし、**捉え方を変えれば、親として成長させてもらえる大きな機会を与えられている**のだと思います。

どんな方法でも大丈夫

私が子どもを無理やり学校へ連れて行こうとしなかったとか、母である私から「学校へ行かなくていい」と言ったという話をすると、子どもを学校へ行かそうと躍起になっていた人たちは、自分のそれまでの行動が間違っていたかのように感じる場合もあるでしょう。

でも、繰り返し言いますが、**子育てに「合っている」「間違っている」とか、「正しい」「正しくない」ということは、ほとんどありません。**言い方を変えると、間違っていても、正しくなくてもいいということです。

子どもにとってベストではないこと、子どもを傷つけてしまうことなどをすべて避けようとする必要はありません。そんなことは無理なのですから。

次男が学校へ行けなくなったとき、私は毎日泣き叫ぶあの子を、無理やり先生の元に置いてきました。次男の泣き叫ぶ顔は未だにくっきりと脳裏に焼き付いていて、きっと一生忘れないと思います。あのときのことを思うと、未だに胸が苦しくて涙が出てきます。

それは、私の中では「間違ったこと」「正しくなかったこと」なのですが、だからこそ気づいたことがあります。自分の中にある息子への苦しいほどの愛情を再確認できたのです。未だに苦しいですが、やはりこのときの体験は、よかったことだと思っています。


学校のPTAなどの講演会に呼んでいただいたりすると、私はよく、不登校になった自分の子どもたちの話をします。

ある日の講演会で、お孫さんが小学生で不登校になっているというお婆さまから質問をいただきました。

「私の孫は学校へ行きたくないと言っています。しかし母親である娘は、保健室登校だけでもいいから、と毎日無理やり孫を学校へ連れて行ってるんです。これは、いけないことですよね。娘は私の言うことを聞かないので……」

この質問に、私はこうお答えしました。

「そうですか。お嬢様も、愛する子どもさんのために一生懸命なのだと思いますよ。タ

イミングが合えば、私が今日お話しさせていただいたことを、お嬢様にお話ししてくださるといいですが、無理やりお嬢様のされていることを変えようとはしなくても大丈夫です。お嬢様の愛情ゆえのことだと、見守ってさしあげてください」

不登校のことにかぎらず、子育ては一筋縄ではいきません。たくさん間違えて、お互いが成長するのだという安心感のもと、自分が感じること、自分が想うことをやってみてください。

間違いはない。その安心感のもと、いろいろやってみて微調整をかけていけばいいのです。

不登校が子どもの強さや自立を引き出す

不登校の子どもの親が周りからよく言われることのなかに、

「もっとしっかりと育てなければ」

「弱いね。自立させないとだめよ」

ということがあります。

私もよく、このような言葉をかけられました。

確かに、不登校になる子どもは平均的な子どもよりも心が弱いのかもしれません。私はあまりそう思っていませんが、とても強いということではない場合が多いとは思います。

仮に「心が弱い」としましょう。だから無理やりに学校へ行かせることが、本当に彼らの心を強くするでしょうか？

不登校の子どもも含めて、すべての人の心の中には自立しようとする「強さ」が内在しています。ただ、それがうまく発動しない状況になっているのが不登校の子どもたちや、人生がうまくいっていない子どもたちの心の状態です。


それなのに、学校に行けないのは弱いからだと決めつけて、無理やりでも強くしようとすることは、子どもたちに内在している「強さ」を信じていないからです。**子どもを信じ、今は少し休ませてあげる。それこそが、子どもが自らその強さを取り戻すことにつながっていきます。**

幼児期の子どもは、お母さんにべったりくっ付いて、「甘える」「依存する」ところからスタートします。次の「イヤイヤ期」は、親にすべて依存していた状態から一歩外に踏み出す段階で、自立の第一歩です。

その後は、またお母さんに甘えたり、お母さんはいらないと言わんばかりの行動をとったり、そうかと思えばまた甘えにきたりします。

お母さんに甘えるのは、何か不安があってそうしています。このときに「しっかりしなさい」と突き放すと、子どもは余計に不安になり、心の奥に傷を残すこともあります。

甘えたいときには十分甘えさせて気が済んだら、また外の世界へ。そして不安になれば、お母さんのお膝に帰ってきて十分甘えて、また外の世界へ。幼児期の子どもは、このプロセスを繰り返しながら自立していきます。**決して「自立を強いられる」のではなく、十分甘えて獲得した「安心感」をベースに自ら自立していくのです。**

その後の成長過程でも同じです。不登校になったり、心に何か問題を抱えたりしたら、**お母さんの庇護のもとで、ゆっくりと安心させることが子どもに内在している強**

さや自立心を引き出す手助けになります。

「強くなりなさい」「学校へ行きなさい」と自立を強要することは、かえってそれらを押しつぶすことになりかねません。まず、子どもの心に内在している強さを発揮できるよう、心の土台をつくってあげることを優先すべきです。

その意味では、不登校になってお母さんに甘える機会をもらった子どもたちは、親にさほど心配をかけず育った子どもより、**もっと自立した大人へと成長していく心の土台を築くチャンスに恵まれている**と思います。

子育てで大切な四つのこと

①人生に悪いことは起きない

私は、自分の子どもの不登校を通して、子どもの本当の幸せについてたくさん考える機会を与えられてきました。そこで気づいたことをお話ししたいと思います。

子どもを信じることは子育ての基本ですが、一番難しいことでもあり、こう言っている私もまだまだです。「そうだ、信じるんだった」と思い返しては再確認することもよくあります。

「信じる」と簡単に言いますが、いったい何を信じるのでしょうか？

「子どもが何でも上手にできるようになる」

「子どもがいい学校へ入れる」

「子どもが学校へ行けるようになる」

これらはどれも子どもの成果ですが、**本当に信じるべきなのは、目の前で何が起きていても、子どもはそれを乗り越えて「いい方向」へ向かっていくということ**です。それを通して人間として成長していくということです。

とはいっても、努力をしてこのように信じましょうということではありません。努力して「私はこの子を信じる」というのは、「信じていない」ことだともいえます。毎日の生活の中で忘れてしまいそうになる「子どもへの信頼感」を、「そうだった、この子は大丈夫だった。また忘れそうになっていた」と「思い出す」という感覚です。

思い出すのではなく「当たり前のこと」として自然にそう思えればいいでしょうが、

それができなくても、一つひとつの場面で「思い出す」ことを繰り返していけばいいのです。そうしているうちに、私たち母親の中にもともとあった「子どもへの信頼感」がどんどん引き出されてきます。

誰にでも、思いどおりにならなかったこと、うまくいかなかったことがあるでしょう。そんなことがひとつもないという人などいないはずです。でも、それがあったから、この人に出会えたとか、このチャンスに恵まれたと思えることもあるものです。

アパホテルの有名社長は、進学高校に通い、成績優秀だったそうです。ところが、お父様のお仕事がうまくいかなくなり、経済的な理由で大学進学を断念し、銀行員になったそうです。

銀行に勤めたことで、ご主人と出会い、一緒に仕事をするようになりました。その後、ご主人から社長に任命されたことで、日本最大のホテルチェーンを作る機会も得ました。

大学進学を断念した当時は、誰もが彼女を不運だと思ったでしょうが、じつはそのことが彼女の幸運だったのです。

悩むことなく、嫌な思いをすることなく、傷つくこともなく人生が進むことだけが「幸運なこと」「幸せにつながること」ではありません。傷ついたり、嫌な思いをしたり、辛い思いをしたり、思い通りに行かなかったり。そういうことが幸せを運んできてくれたり、自分の人格を向上させたりします。

そういう観点から見ると、**人生に悪いことは起きない**と言えないでしょうか。子どものことも同じです。子どもの先行きが見えなかったり、子どもが辛い思いをしていたりすると、親は自分のこと以上に辛い思いをするでしょうが、それは永遠に続く暗闇に向かっているのではありません。必ず光に向かっているのです。

不登校についていえば、たとえ今は子どもが学校へ行かなくても、子どもは光に向かっていることを思い出すのです。不登校の期間を経て復学するかもしれないし、もしかするとずっと学校へ行かないかもしれません。どちらにしても、光に向かっているのです。

不登校を経験したことで子どもが本来持っている「強さ」や「自立心」が引き出さ

今の辛い状況は、
きっと後からの笑い話に変わります。
決して永遠に続かない「今」は、
これから起きる素晴らしいことへと
導いてくれます。
DOPE

れ、人間として成長できるかもしれません。普通に学校へ行き、普通に就職するという道から逸れたからこそ見つかるすばらしい道があるかもしれません。

今がどうであれ、子どもの人生は「いい方向」へ向かっていることを思い出し、再確認し、信じ続けましょう。

②自己肯定感を育て続ける

「自己受容できている子ども、自己肯定感の高い子どもに育てましょう」という言葉を聞かれたことがあるでしょう。

それには「褒めて育てる」ことが大切だといわれます。確かに、叱られてばかりいると、自己肯定感が低く育ちますし、褒めて育てることで自己肯定感が高く育ちます。それは、誰でも容易に理解ができることでしょう。


しかし、褒めるということは、ある種の危険もはらんでいます。というのは、褒めるタイミングが、どうしても「何かができたとき」に偏りがちだからです。何かができたときばかり褒められることが続くと、何かができたときの自分は良くて、そうでないときの自分はダメだという心理状態をつくることになりやすいのです。

では、できたときではなく、その過程を褒めるとどうでしょうか。「できてもできなくてもいいのよ。頑張ろうとしている、それがすごいよ」と褒めるわけです。しかし、それでも同じことが起きます。

努力をしている自分は良くて、そうでないときの自分はダメだという心理状態をつくるかもしれないからです。褒めるというのは、なんとも難しいことなのです。


心理学用語で「having、doing、being」という言葉があります。

・having：持っているもの――結果
・doing：行なっていること――努力、頑張り
・being：存在そのもの

という意味です。havingやdoingばかりを褒めると、beingすなわち「子どもの存在そのもの」が置き去りになります。子どもが生まれてきてくれたこと、子どもがただそこにいることが親にとってもっともうれしいことだと伝える機会をたくさんもたな

いと、havingやdoingを褒めることが逆効果にさえなってしまうのです。

子どもが不登校になったとき、子どもの将来への不安から、ほとんどのお母さんが子どもを学校へ行かせようとします。子どもは不登校になった時点ですでに自己肯定感が低くなっていて、「学校へ行けていない自分はダメだ」と思っています。

周りの大人は、子どものことを心配して、子どものことを思って「学校へ行きなさい」と言うのですが、罪悪感を持っている子どもは、その言葉を「自分を否定している」言葉として受けとめます。

自分が学校へ行こうと頑張るというdoingと、学校へ行けたというhavingを求められていて、beingを認められていないと感じている子どもは、「学校へ行きなさい」と言われるほど自己肯定感を低下させていきます。

これは不登校児に限ったことではありませんが、とくに不登校児には、beingを承認してあげるような言葉かけ、アプローチがとても大事です。たとえば、学校へ行かなくなったことでできた時間を楽しく一緒に過ごしてあげたり、コミュニケーション

ママはあなたが大好き。
ママの子どもでいてくれて
ありがとう。
どんなあなたも大好きだけど、
大好きなあなただから、
笑顔の日が増えますようにと、
ママはいつも祈っているの。

をたくさんとってあげたりすることからはじめて、成果が出たことや自ら行動できたことは褒めてあげる。こうすると、子どもに勇気を与えることができます。

不登校の子どもも同じです。**学校に行けなくても、ありのままの自分を受容できるようになれば、そこから育っていきます。**そのように時間を過ごすことができれば、学校へ行かないその時間は、子どもの一生にとってとても大切な時間となるのです。

③自分は守られている

2章でお話ししたように、娘は非常に自己肯定感の高い子どもでした。決して傲慢なタイプの子どもではなく、控えめなところも多い子どもでありながら、「世界で一番好きなのは自分」と、目をきらきら輝かせて言うような子どもでした。

私にとって初めての女の子であり四回目の子育てだったので、とくに穏やかに、愛情たっぷりに、すべてを肯定して育てることができました。だから娘は自分を肯定的に評価できる子どもに育っているようでした。ところが、そんな娘が、4年生になって「私なんていないほうがいいとみんなが思ってる」とまで言うようになったのです。

いったいどうしてでしょうか。

家庭で愛情をかけ、beingを認め、褒めて育てていても、家庭から一歩出た社会で自分を否定されるようなことが続くと、家庭で築かれた自己肯定感も、簡単に崩れることがあります。

家庭で育て上げた自己肯定感に、もうひとつプラスすることがあります。それは、**外側からの声にぶれない「自分軸」、すなわち外側からの評価に拠らないで絶対的に自分を信じる力**です。

お母さんや周りの大人との関わりで、子どもは自分の価値を認めていきます。このとき、否定されて育てられた子どもは自己否定の気持ちを持つようになりますし、肯定されて育てられた子どもは自己肯定感が高くなります。

ただし、周りの大人から肯定されて育ったから安心だとはかぎりません。その評価は子どもが自ら獲得したものではなく、外から与えられたものだからです。外からの評価に拠らない内からの自己肯定感を育てる必要があるのです。

マザー・テレサが、あれだけのことを成し遂げられた背景には、敬虔なカトリック信者であったということがあります。彼女は、**どんな状況下においても、「私は守られている」という絶対的な感覚を持っていた**といいます。

このことは、「私は守られている」という感覚が「自己肯定感」を育むことを教えています。マザー・テレサの場合は、たまたまキリスト教という宗教の中で「マリア様」「イエス様」に守られているというゆるぎない感覚を持っておられたのだと思います。キリスト教でなくて、仏教でも神道でもおてんとう様でもいいのだと思います。私たちが何か見えない存在に守られているという感覚。それを身につけることができると、私たち人間は何が起きても振り回されることが少なくなります。

私たち親が普段から、見えない存在に感謝する気持ち、おかげさまという気持ちを持つようにしていると、子どもの中にも同じような感覚が自然に育ちます。ご先祖様のお話をする、ご先祖様に手を合わせる、感謝をするということも同様です。

「大丈夫。神様は見てるよ」

「ご先祖様は、あなたたちが幸せになるようにいつも手助けしてくださっているよ」
「これはきっと神様のお導きだね。感謝のお祈りをしようね」
「これはおじいちゃんが大好きだったおかずだね。いつも見守ってくださっているから『ありがとう』の気持ちをこめてお供えしておこうね」
というような会話が当たり前のようになされていると、子どもは「見えないもの」にも価値を置き、「守られている」という感覚を自然に持てるようになります。

わが家では、このことが足りなかったのだろうかと考えたこともありますが、正直に言って、わが家は、普段からこういう会話が多いほうだと思います。カトリック系の幼稚園と小学校に通わせていますし、神社やお寺にもよく行きます。

ですから、こういう感覚が足らなかったとは思いません。娘も、けっこう自己肯定感の高い子に育っていました。それでも、不登校になったのは、娘の性格、タイプや、学校での人とのめぐり合わせが関係しているのでしょう。

もっといえば、娘が潜在意識の中でもっと人生について深く「学びたい」と求めていたのかもしれません。

それらが絡み合って不登校になったり、心が不安定になったのだろうと思います。ですから、「こうすれば不登校にはならない」という魔法はありませんが、**「自分は守られている」という感覚を持っていると、たとえ不登校になっても乗り越えていく土台になることは間違いありません。**

④成果より大事な心

子どもが健康で、友人関係も良く、勉強や習い事も普通に進んでいると、どうしても欲が出てしまいがちになります。

〝もっと野球がうまくなるように〟

〝もっと成績が上がるように〟

〝どうしてもこの学校に合格するように〟

親としてこう願うことがエゴであると言われてしまうと、そうなのですが、大切なわが子を想うあまりの、愛ゆえの気持ちから出てくる願いでもあります。

子どもが不登校になるとたいていの親は、「勉強ができる」「希望どおりの進学」「学校へ毎日行くという普通」という枠から子どもが外れることを避けようと、半ば強引に学校へ戻そうとします。

それが不可能だとわかったあたりから、ようやく子どもの本当の幸せは何かと考えはじめます。学校へ行ってほしいけれど行かないという現実に、もしかしたら学校へ行くという枠の外にも子どもの幸せにつながる道があるかもしれないと模索しはじめます。

そこを通った私としては、このプロセスは、「とても良かったこと」「私にいろいろなことを気づかせてくれたこと」だと心から思っています。

子どもが不登校にならなければ、いつまでも、「学校へ行く」「健康である」という枠の中で、さらに高い目標を掲げることが子どもの幸せにつながるという固定観念を外せなかったのではないかと思うのです。

いったんあきらめる。これは、否定的な意味ではなく、「世間」という小さな枠を外

してもっと大きな意味で子どもの本当の幸せを考える最高のチャンスです。私の場合、学校、成績、ということをいったんあきらめることで、子どもの幸せに本当に必要なことは、「心を育てること」にあると痛感しました。

この章で何度も「自己肯定感」についてふれていますが、これは「**折れない心を育てる**」ということでもあります。

何かができて自分を認めることはたやすいですが、できなかったときに、「私はダメだ」「無理」「才能がない」「これ以上失敗することが怖い」という心理状態になるのか、「また頑張ろう」「楽しかった」と捉えられるのか。それは、人生を幸せな気持ちで送るために、物事を成し遂げるためにも大きく影響してきます。

人生にはいろいろなことが起きます。それは誰の人生にも言えることで、コントロールすることはできません。できることは、**起こったことをどう捉えるのか、それにどういう意味づけをするのかということ**です。それは、親が子どもに教えてあげることです。

遺伝子工学の第一人者、村上和雄名誉教授がおっしゃっていることばをお借りすると、人の可能性がよくわかります。

「人を遺伝子レベルで見た場合、ノーベル賞受賞者も、金メダリストも、私たちも、ほとんど変わらない。違いは、遺伝子にあるスイッチのようなものがONになっているのかOFFになっているのかだけだ」

〝ノーベル賞を受賞するような研究をする力がない〟

〝金メダルを取れるような身体能力がない〟

私たちは、自分のことも子どものこともこのように評価しがちですが、今、現われていなくても、スイッチをONにさえすれば、そのような可能性が十分あるのです。

こんなことを子どもに教えてあげることも、「心を育てること」なのです。

世界で何が起きているかについても知る機会を与えてあげることも必要です。世界には、水を汲みに行くのに丸1日かけて生活しているような人がいたり、お腹をすかせて死んでいく人たちがいたり、戦争や難民という問題を抱えている国も少なくあり

ません。

一方、そのことを傍観していることができず、人生をすべて捧げているような人も多くいます。

そのほかにも、**「子どもが将来、幸せになるためには、どんな考え方ができる人になればいいのか」と思いをめぐらせていると、伝えたいことが自然に見えてきます。**それらは間違いなく、子どもの心が育つ種をまくことになります。

不登校は神様からのギフト

不登校は、私にとってたくさんのことをもたらしてくれました。不登校という体験なしに、普通に学校へ楽しく行ってくれたほうがよかったのかもしれませんが、それでは私が気づかないことがたくさんあったので、神様は私に「多くの気づき」というギフトをくれたのでしょう。

その手段が、子どもが不登校になるという体験だったと、私はとらえています。

毎朝普通に起きて朝食を食べ、ランドセルを持って「行ってきまーす」と出かける。夕方になると、「ただいまー」と言って帰ってくる。このことが、じつは**奇跡の連続**であることを、子どもが不登校になるまで、まったく気づいていませんでした。

「気づき」と「感謝や喜び」はセットです。毎朝普通に配達される新聞。台風であっても大雪であっても、誰かが一生懸命早起きをして一件一件届けてくださるからそうなっていることを頭では知っています。ところが、本当の意味で気づいていないから、そこに感謝がわきあがってこないのです。

次男が病気を克服し始め、友達とふざけて教室の窓ガラスを割って帰ってきたとき、私は心からうれしかったのです。元気でないときは、窓ガラスを割ってしまうほど元気でふざけることさえできなかったのですから。

娘が学校へ行き始めた5年生の一学期。授業参観には何が何でも参加してほしいという娘の懇願で、仕事の調節をして参観へ出かけました。

教室の後ろには、家庭科の時間にフェルトで作った筆箱が掲示されていました。刺しゅう糸を使った模様は、娘のものだけが文字でした。それも、私が仕事で使うニックネームと、ＬＯＶＥの文字が縫い付けてありました。私へのメッセージだったのです。

新学年の一学期とあって、自己紹介が書かれた紙も掲示してありました。「将来の夢」のところに何と書いてあったか想像ができますか？

「お母さんのようなやさしい母」

と書いてあったのです。娘は、そのことを私へ伝えたくて、半ば涙目で私を授業参観に呼んだのです。

不登校を体験することで、娘は自分の心をすべてオープンにすることができ、私も彼女への愛情をストレートに伝えることができました。不登校にならなければ、こういう機会には恵まれませんでした。

子どもの不登校、あるいは、不登校にかぎらず子どもが苦しそうにすることは、親にとって最大の苦しみです。しかし、**心が痛む分だけ必ず気づきがあります。気づいた分だけ感動があり、感謝があり、喜びがある**のです。

毎日、学校の休み時間だけフラッと現われて野球をし、そのまま家へ帰る次男に、何も聞かず「おーい、○○が来たから、みんな野球するぞ」と言って、野球をしてくれたたくさんの友達。

まだ4年生で9歳、10歳だったのに、子どもたちがそんなふうにできるなんて、次男があんな形で不登校にならなければ、一生知ることはなかったでしょう。

長く休んでいる娘が気まずい思いをせずに登校するにはどうすればいいか、クラスみんなで話し合いを出した答え。それは、「普通にするのが一番いいと思います。僕が同じ立場だったら、そうしてほしいと思うからです」という一人の男の子の意見でした。

ある禅宗の大老子の言葉に、**「子どもは仏に近い」**という言葉がありますが、それを体感させてもらったような気がしました。

こんな仏のような、天使のような子どもたち、一生懸命、自分ごととして考えてくださった先生方、不登校の子どもたちをやさしく受け入れてくれた私の会社のみんな、その他大勢のやさしい人たちに、涙が出るほどの感謝があふれてきます。

一方、辛くなるような厳しい言葉をかけてくれた人たち、あらぬうわさをしていた人たちにも、感謝の気持ちを持つことができました。その人たちによって気づかされたことがたくさんあったからです。

いろいろなことがあり、傷ついたこともたくさんありましたが、**誰かが誰かを一方的に傷つけることはできない、誰かが誰かを一方的に不幸にすることはできない**、私はそう思っています。

子どもが不登校になったとき、親としての自分の言動が原因になっているとしても、自分を責めないでください。

どんな親と子どもも、お互いの成長のために存在し、迷惑をかけたりかけられたりと、お互いの役割を全うすることで、共に学び合うことができるようになっているのです。親だからといって、一方的に子どもの人生の足を引っ張るほどの力はない。私はそう思っています。

だから、自分を責めるのではなく、未来に矢印を向けてください。**「さあ、この状況で何ができるかな。何をすればいいのかな」**と。

「不登校は神様からのギフト」

この言葉を、すべての不登校児とその保護者の方に送ります。

これまでの自分の人生の過ちの集大成として、今、目の前に不登校という不都合なことが起きているのではありません。不登校は、未来のより幸せな人生のために、神様から私たちに贈られてきたギフト。「不登校になったからこそ」と言える日が必ずやってきます。

私がわが子を不登校から救ったたった一つの方法は、「精一杯の愛を注ぐこと」でした。それさえできていれば、目に見える「方法」も、おのずと見えてきます。

おわりに

「天才児を育てる」というイメージが強い「早期知育教室」を経営し、お母様方に子育てについてのお話をさせていただいていた私の子どもが、不登校になったり、受験がうまくいかなかったり。

当時はずいぶんと落ち込み、ずいぶんと悩みました。私には教室を運営していく資格がない、お母様方の前で話をする資格がないと思い、看板を下ろして英会話スクールだけを運営していこうと真剣に考えたこともあります。

しかし、今、心から思うことは、子どもたちにいろいろな経験をさせてもらってよかったということです。

もし、私の四人の子どもたちがみんな、難関校へ進学し、大きな悩みがなく育っていたとしたら、私はどんな指導者になっていたでしょうか。

〝このようにすれば難関校に合格しますよ〟

〝こうすれば子どもはかしこく育ちますよ〟

〝さあ、みんなで子どもを優秀に育てましょう〟


そんな指導をしていたかもしれません。

「いろいろなことができ、困ったことがなく、すべて順調にいっているという子どもを育てるのが親の役目なのに、子どもがそんな困ったことになっているのは、お母さん、あなたの責任ですよ」

と平気で言っていたかもしれません。

そこまではっきりと言わなくても、心の中ではそんなふうに思ったまま教室の先生を指導し、子どもを指導し、お母様方をそこへ向かわせる。そんな指導者になっていたのだと思います。


私は、わが家の子どもたちは私の使命をわかっていて、私の子どもになることを決め、自分たちの小さな身体を使っていろいろな役割を演じてくれたのだと思っています。そうすることで私の学びを助けてくれたのでしょう。

そのおかげで学んだことを、私なりの方法で皆様にお伝えしたいと思っています。

少子化の今、大人は、ひとりの子どもにたくさんのお金をかけることで子どもを幸せにしようとしている傾向が強いと感じています。その結果、残念ながら「子ども」が大人のビジネスの対象となっていることも、否定することはできません。

子どもの幸せのために大切なことはなんでしょうか。学校へ行く、進学するということにばかり目を奪われていると、子どもの本当の幸せを考えられないことがあります。

そんなときは、ちょっと立ち止まって、自分の子どもが幸せになるには、今、本当は何が必要なのかを再確認してください。そのために少しでも助けになればと思いながら、この本を書き上げました。

この本の出版にあたりまして、原稿を読んで涙してくださり、出版実現への道を切り開いてくださった出版プロデューサーの遠藤励起様、コスモ21様に私を引き合わせてくださったインプルーブの小山睦男様、表紙、デザイン、原稿と何度もやり直しをしたいという私のわがままに、終始笑顔で対応してくださったコスモ21の山崎優社長に心からのお礼を述べたいと思います。

この本が、ご縁のある方にお役にたちますようにとの祈りをこめて。

教育カウンセラーの私が不登校のわが子を救った
たった一つの方法

2017年12月1日　第1刷発行
2018年1月12日　第2刷発行

著　者――杉本桂子

発行人――山崎 優

発行所――コスモ21
〒171-0021　東京都豊島区西池袋2-39-6-8F
☎03(3988)3911
FAX03(3988)7062
URL http://www.cos21.com/

印刷・製本――中央精版印刷株式会社

定価はカバーに表示してあります。

ISBN978-4-87795-360-7 C0030